KB118919

에어비앤비
스토리

옮긴이 **유정식**

경영 컨설턴트이자 인퓨처컨설팅 대표다. 포항공과대학교 산업경영공학과를 졸업하고 연세대학교에서 경영학 석사학위를 받았다. 기아자동차에서 사회생활을 시작했으며, LG CNS를 거쳐 글로벌 컨설팅회사인 아더앤더슨과 왓슨와이어트에서 컨설턴트로 경력을 쌓았다. 시나리오 플래닝, 전략적 사고, 문제 해결력, 인사 전략 등을 주제로 국내 유수 기업과 공공기관을 대상으로 컨설팅과 교육을 진행하고 있다. 지은 책으로는 『착각하는 CEO』 『당신들은 늘 착각 속에 산다』 『경영, 과학에게 길을 묻다』 『전략가의 시나리오』 등이 있고, 옮긴 책으로는 『하버드 창업가 바이블』 『디맨드』 『당신은 사업가입니까』 『피터 드러커의 최고의 질문』 등이 있다.

THE AIRBNB STORY by Leigh Gallagher
Copyright ⓒ 2017 by Leigh Gallagher
All rights reserved.

This Korean edition was published by Dasan Books Co., Ltd. in 2017 by arrangement with
Houghton Mifflin Harcourt Publishing Company
through KCC(Korea Copyright Center Inc.), Seoul.

어떻게 가난한 세 청년은 세계 최고의 기업들을 무너뜨렸나?

에어비앤비 스토리

레이 갤러거 지음 | 유정식 옮김

airbnb
story

42000 042

다산
북스

마음껏 상상하고 과감하게 도전하라.
불가능이라는 말은 잊어도 좋다.

- 브라이언 체스키

에어비앤비는 새로운 제품을 생산하지 않는다. 단지 새로운 시스템을 바탕으로 생활 방식과 소통하는 법을 변화시킬 뿐이다. 이것이 바로 우리 앞에 쓰나미처럼 밀려올 4차 산업혁명의 본모습이다.

— 클라우스 슈밥, 다보스 포럼 회장

에어비앤비는 모든 산업계를 통틀어 매우 의미 있는 존재가 될 것이다. 내가 젊은 시절에 체스키와 같은 생각을 했더라면 얼마나 좋았을까?

— 워런 버핏, 버크셔해서웨이 CEO

대담한 기업가 정신을 바탕으로 거대 산업을 완전히 무너뜨린 세 창업자의 이야기는 모든 기업이 탐독하고 실행해야 할 '새로운 경영의 교과서'다. 이 책은 바로 우리 시대의 이야기다.

— 찰스 두히그, 『1등의 습관』 저자

레이 갤러거는 4차 산업혁명 시대에 가장 뜨거운 기업, 에어비앤비의 주목할 만한 여정을 잘 포착해냈다. 그녀는 어떻게 에어비앤비가 전 세계 수많은 사람이 사랑하는 영속적인 브랜드로 성장했는지, 또 세 창업자가 어떻게 힘들었던 초창기 시절을 견뎌내고 지금껏 회사를 운영할 수 있었는지를 보여준다.

— 리드 호프만, 링크드인 회장

세 창업자의 아이디어는 철저히 무시당했다. 하지만 그들이 만들어낸 기업은 산업을 파괴할 만큼 막대한 힘을 가진 괴물로 성장했다. 레이 갤러거는 이 매혹적인 역사를 독자들에게 생생히 전달한다.

— 토니 셰이, 재포스닷컴 CEO

에어비앤비가 어떻게 탄생했는지, 이 인기 있고 파괴적인 회사가 어디로 향할지 궁금한 사람이라면 반드시 읽어야 할 책이다. 레이 갤러거는 작은 아이디어 하나로 시작해 수십억 달러 가치의 회사가 된 에어비앤비의 여정을 우리에게 안내한다.

– 베서니 맥린, 『엔론 스캔들』 저자

레이 갤러거는 에어비앤비라는 비즈니스 모델을 통해 어떻게 공유경제가 산업의 창조적 파괴를 가능케 하는지 보여준다. 4차 산업혁명 시대를 준비하는 기업이라면, 그들의 이야기를 주목하라.

– 레나 포루하, CNN 글로벌 경제분석가

레이 갤러거는 놀라운 인터뷰 실력을 바탕으로 오랜 시간 세 창업자를 끈질기게 취재한 끝에 이 책을 탄생시켰다. 빠르게 변화하는 시장 속에서 생존하고 싶은 경영자, 혹은 단순히 그들의 이야기에 매료된 사람들에게도 이 책은 엄청난 교훈을 가져다줄 것이다.

– 커커스 리뷰

비즈니스 연구자나 경영학도뿐만 아니라 미래의 기업가를 꿈꾸는 모든 사람에게 이 책을 반드시 읽어볼 것을 강력 추천한다.

– 라이브러리 저널

에어비앤비는 단순한 기업을 넘어 하나의 '사회적 현상'으로 자리 잡았다. 그리고 이 책은 모든 책을 통틀어 '에어비앤비 현상'을 설명하기에 딱 좋은 훌륭한 책이다.

– 샌프란시스코 크로니클

많은 사람이 세 창업자의 창업 스토리에 관해서는 잘 알지만, 그들이 어떻게 견고했던 호텔 산업을 무너뜨렸는지에 대한 과정은 알지 못한다. 이 책은 수많은 공유경제 기업들 사이에서 왜 에어비앤비가 단연코 최고인지를 보여주는 흥미로운 여정이다.

– Lucille M. Zimmerman, 아마존 리뷰 중에서

가난한 세 청년은
어떻게 산업을 파괴시켰는가?

샌프란시스코에 위치한 호텔 페어몬트의 로비에서 브라이언 체스키Brian Chesky와 나는 등받이가 높고 화려한 벨벳 의자에 마주 앉아 있었다.

때는 2015년 11월 초였다. 그곳에서 나는 홈셰어링Home sharing 플랫폼이자 그의 회사이기도 한 에어비앤비Airbnb의 성공 스토리에 관해 책을 쓰고 싶다는 생각을 전했다. 아이러니하게도 우리가 앉아 있던 곳은 보통의 호텔이 아니었다. 2007년에 미국 산업디자인협회가 컨퍼런스를 개최한 바로 그 장소였다. 이 컨퍼런스 덕분에 체스키와 공동 창업자 조 게비아Joe Gebbia는 자신들의 아파트 바닥에 에어 매트리스를 깔고 이를 대여하자는 아이디어를 생각해냈다. 컨퍼런스 참가자들이 한꺼번에 샌프란시스코로 몰려드는 바람에 호텔의 객실이 매진됐기 때문이었다.

사실 체스키가 자신이 가장 존경하는 디자이너에게 다가가 에어비앤비에 관한 아이디어를 말했던 장소 역시 우리가 앉아 있던 의자에서 불과 9미터밖에 떨어져 있지 않았다. 그 디자이너는 체스키의 말을 듣자마자 터무니없다는 듯이 "그것 말고 다른 아이디어는 없는가?"라며 일축했다. 이러한 반응은 그 후로도 고통스럽게 계속됐던 수많은 거절과 조롱의 시작에 불과했다.

그러나 현재 체스키가 경영하는 에어비앤비는 기업가치가 300억 달러(34조 1400억 원 상당)를 돌파했고, 게스트 어라이벌Guest arrivals(새로운 여행을 위해 에어비앤비에 등록된 숙소를 검색한 사람의 수)은 1억 4000만 개에 이르렀으며, 300만 개의 숙소 리스트를 보유한 거대 기업으로 성장했다. 체스키는 연설 행사가 있을 때만 호텔을 방문하는데, 그가 이곳에 온 이유는 전 세계 CEO들이 모이는 연례행사인 '포춘 글로벌 포럼Fortune Global Forum'에 연사로서 참석하기 위해서였다. 체스키의 발표 순서는 미국의 전 국방부 장관 리온 파네타Leon Panetta와 세계적인 금융 회사 J.P.모건체이스J.P.Morgan Chase의 CEO 제이미 다이먼Jamie Dimon 사이였다.

연설을 마친 체스키와 나는 다시 라운지에서 만나 출판 프로젝트에 대해 이야기를 나눴다. 나는 당연히 체스키가 내 아이디어를 반길 것이라 예상했고, 그 역시 관심을 보였다. 하지만 아무런 우려 없이 제안을 받아들인 건 아니었다. 그는 분명하고 단호하게 자신의 생각을 밝혔다.

"책이 가진 가장 큰 문제는 특정 시점의 회사를 독자들에게 각인시킨다는 점입니다."

나는 그의 말을 정확히 이해하지 못했고, 다시 한 번 자세하게 설명해달라고 부탁했다.

"저는 아직 서른네 살입니다."

그가 말을 이어갔다.

"그만큼 우리 회사는 젊습니다. 앞으로 우리가 해야 할 일이 많이 남아 있다는 뜻입니다."

책을 쓰기에 이르다는 것이 대답의 요지였다. 그는 내가 2017년에 책을 출간하더라도 곧바로 시대에 뒤처질 것이라고 지적하면서, 독자들이 퇴보적인 이미지로 에어비앤비를 기억하게 되면 어떡하냐는 우려를 내비쳤다. 매체는 언제나 한발 늦다고 지적한 그는 이렇게 말했다.

"모든 사람이 에어비앤비의 현재 모습이라고 생각하는 것들은 사실 2년 전에 벌어진 일입니다."

이러한 생각은 그의 실용적인 철학뿐만 아니라 미래를 향한 야망까지도 고스란히 드러냈다. 그러면서도 집필을 위해서라면 언제든지 협조할 의사가 있음을 약속했고, 그 누구보다도 내가 에어비앤비의 진면목을 잘 판단해 쓸 수 있을 거라 격려해주었다.

나는 그와 총 10분간 이야기를 나눴다. 그와 나 모두에게 기분 좋은 하루였다. 바로 전날 밤 에어비앤비는 자신들의 영업을 제한하려는 자들과 지루한 법적 공방 끝에 승리를 거두었다.

체스키는 호스트Host(에어비앤비 플랫폼을 이용해 자신의 집을 임대하는 사람)들을 축하하는 연례행사인 '에어비앤비 오픈Airbnb Open'에 참석하기 위해 곧장 파리로 떠날 준비를 했다. 그는 수백 명의 파리 호스트들이 자신의 집을 개방해 빛의 도시(파리를 일컫는 별칭) 전역에서 게스트 모두에게 저녁 식사를 대접하게 될 거라며 신이 나 있었다.

"같은 시간에 벌어지는 파티 중 세상에서 가장 성대한 파티가 되겠지요?"

이 말을 마지막으로 서른네 살 억만장자는 라운지를 떠났다.

■ ■ 괴짜 청년들과의 첫 만남

내가 에어비앤비를 처음 알게 된 때는 2008년이었다. 당시 나는 《포춘》에 근무하면서 기발하고 별난 비즈니스를 취재하는 섹션을 담당했다. 그러던 중 2008년 대통령 선거 기간 동안 '오바마 오즈Obama O's'와 '캡틴 매케인즈Cap'n McCain's'라는 가짜 시리얼박스를 만들어 세간의 이목을 끈 두 명의 괴짜 사업가를 알게 됐다. 그들은 '로드아일랜드 디자인스쿨Rhode Island School of Design'을 막 졸업한 상태였으며, 머물 곳이 필요한 사람들에게 집 일부를 숙박 공간으로 임대해주는 스타트업 '에어베드앤블랙퍼스트AirbedandBreakfast'를 필사적으로 홍보하고 있었다. 나는 그들의 사업 아이디어 자체는 그다지 새로울 게 없다고 간주했다. 하지만 가짜 시리얼박스의 홍보 전략만큼은 많은 사람의 관심을 모았기에 이들의 이야기를 《포춘》에 단신으로 올렸다. 그러고는 완전히 잊어버리고 있었다.

그로부터 1~2년 후 그들의 회사는 입소문을 타기 시작했고, 《포춘》의 기술취재팀 레이더망에 포착됐다. 누군가가 내부적으로 그 회사를 주목해봐야 한다고 말했을 때, '어, 그 괴짜들 말이야?'라고 생각하며 의아해했다. 당시 나는 기술취재 파트에는 전혀 관여하지 않았기 때문에 실리콘밸리의 최신 기업들을 속속들이 알지는 못했으나, 그 지역에 만연해 있던 강한 자만심과 도취감만큼은 객관적인 시선으로 판단할 수 있었다. 《포춘》이 선정하는 '40세 이하 경영자 40인40 Under 40'의 책임 편집장으로서 창업 1년 차에 세상을 변화시키겠다고 소리치다가 다음 해가 되면 매우 초라한 모습으로 전락하는 기업들을 수도 없이 봐왔다. 가끔이지만 잔뜩 부풀려지고 허황된 사업 아이디어라는 점을 지적할 때면 쾌감을 느끼기까지 했다. 그 회사 역시 마찬가지라고 생각했다. 무엇보다도 홈어웨이homeaway, VRBO, 카우치서핑couchsurfing, 베드앤블랙퍼스트bedandbreakfast 등 이미 집이나 공간을 대여하는 온라인 서비스 기업들의 이름도 줄줄이 꿰고 있었다. 그래서 나는 이 신출내기 회사가 대체 무엇을 차별화할 수 있을지 강한 의문이 들었다. 진부하고 독창적이지 않은 아이디어로 뭘 어쩌겠냐는 거냐며 동료들에게 투덜거리기까지 했다.

'웹사이트만 깔끔하고 번드르르하게 디자인한 다음에 마치 새로운 것인 양 시장에 내놓겠다고?'

그러나 이 회사는 기존의 기업들과 다른 노선을 걸었고, 단기간에 두각을 나타냈다. 에어비앤비는 곧바로 업계의 '거물'이 됐다. 호스트들은 평범한 가정집뿐만 아니라 나무 위에 지은 오두막, 선상 가옥, 이글루, 원뿔형 텐트 등 별난 공간들을 업로드하기 시작했다. 특히 밀레니얼 세대Millennial Generation(1980년대 초반부터 2000년대 초반에 출생한 세대로 IT에 능하다)는 모험적이고 가격도 합리적인 새로운 여행 방식을 무척 마음에 들어 했다.

에어비앤비를 통해 사람들은 호텔 숙박비보다 훨씬 더 저렴한 가격으로 기존의 관광 산업이 미치지 못한 곳에 위치한 '누군가의 집'에 머물 수 있었고, 그곳에서 생각이 비슷한 사람들과 '연결'될 수 있었다. 숙소 리스트와 게스트 수의 증가는 점점 불이 붙기 시작했다. 이미 2011년에 여러 후원자들로부터 1억 1200만 달러라는 엄청난 투자금을 유치한 에어비앤비는 10억 달러 이상의 가치를 지닌 기업으로 평가받았고, 플랫폼을 통해 100만 건의 숙박 예약을 성사시켰다. 몇 년 후 이 수치들은 다시 엄청나게 불어났다. 100만 개였던 게스트 어라이벌은 1억 4000만 개로 급증했고, 기업가치는 250억 달러로 상승했다가 이 책을 쓰는 2017년 초에는 300억 달러에 도달했다. 그럼에도 에어비앤비는 숙박 시장 전체로 볼 때 아직은 인지도가 낮고, 확실히 고객들에게 침투가 덜 되어 있다. 그래서 대다수의 기업 분석가들은 이 회사가 지금보다는 몇 배나 더 크게 성장할 것이라고 전망한다.

■ ■ 관습을 뛰어넘어 숨어 있던 기회를 발견하다

에어비앤비가 이토록 고도성장한 이유는 무엇일까? 경제적인 측면으로 분석해보면, 현명하게도 이 회사는 불황으로 경제적 어려움을 겪는 사람늘에게 자신의 집으로 돈을 벌거나 좀 더 저렴하게 여행하는 방법을 제시했다. 가장 먼저 이 서비스를 받아들이고 이용한 사람들은 밀레니얼 세대였고, 대부분 아파트 거주자였다. 다만 흥미롭게도 미국의 경우, 호스트의 평균 연령이 43세로 나타났다. 최근 몇 년간 소득이 늘지 않고 도시의 주거비가 급등하면서 에어비앤비를 통해 자신의 집으로 돈을 벌 수 있는 기회에 관심이 쏠린 이유에서였다. 물론 여행객들도 저렴한 가격과 독특하고 매력적인 경험 때문에 에어비앤비의 서비스를 좋아했다. 여러 연구에 따르면, 에어비앤비를 이용하지 않았던 많은 사람이 한 번 이용한 후에는 정기적인 사용자가 되었다고 한다.

물론 에어비앤비가 낮은 가격과 풍부한 숙소 리스트만으로 성장을 이뤄낸 것은 아니다. 이 회사는 기존의 호텔 업계와는 달리 특별하고 색다른 경험을 여행객들에게 제공했다. 즉, 오히려 약간은 허술하고 불완전한 여행 경험이 일반적인 호텔에서 묵을 때와는 다른, 조금 더 아늑하고 아기자기한 여행을 꿈꾸는 사람들의 마음을 움직였다. 또 관광객이 주로 찾는 곳이 아닌 골목 이곳저곳을 소개함으로써 사람들로 하여금 '현지인' 같은 경험을 해볼 수 있도록 했다. 이것이 바로 에어비앤비가 자체적으로 주장하는 자신들의 강점이자 차별점이다. 이러한 요소들은 거대 브랜드에 대해 피로감을 느끼고 모험적인 경험을 열망하던 밀레니얼 세대에게 특별히 강력하게 작용했는데, 이들은 디지털로 연결된 세계에서 성장했기 때문에 온라인을 통해 숙소를 예약하는 일도 그리 어렵게 느끼지 않았다.

'타인의 집에서 묵는다'는 새로운 비즈니스 기회는 풍부한 인간관계를 맺고 싶다는 좀 더 커다란 니즈를 충족시키기도 했다. 에어비앤비를 통해 게스트와 호스트는 매우 친밀하게 교류한다. 호스트는 비록 그곳에 거주하지 않더라도 게스트가 색다르고 안락한 경험을 할 수 있도록 준비를 마친 이후에 집을 내어준다. 어느 도시 한 켠에 있는 누군가의 개인적인 공간에 열쇠로 문을 열고 들어가 발을 들여놓는다는 경험은 조금이나마 타인과 연결되고 환영받는다는 느낌을 전해준다. 만약 호스트가 그 집에 거주하고 있다면 이러한 친밀감은 더욱더 충만해진다.

에어비앤비의 회사나 웹사이트 곳곳에는 '어디에서나 우리 집처럼Belong Anywhere'이라는 문구가 쓰여 있는데, 이는 회사가 끊임없이 추구하는 핵심미션이다. 에어비앤비라는 플랫폼이 '어디에서나 우리 집에 있는 것 같은 혁신적 여행'을 가능하게 한다는 의미다. 혹자는 이 말이 지나치게 감상적이고 과장된 이상주의라고 간주할지도 모르겠다. 그러나 이 회사가 제공하는 경험은 우리가 타인으로부터 멀어지면서 점차 잃어버리게 된 인간적인 정과 유대감을 되찾아준다. 실제로 존재하는 누군가가 정성껏 준비해놓은 독특하고도 진실된 공간에 머무는 동안, 우리는 잃어버렸다는 사실조차 깨닫지 못했던 소중한 가치들을 떠올릴 수 있다.

물론 에어비앤비의 놀라운 성장에는 걸림돌도 많았다. 전 세계의 많은 도시와 지방자치단체는 에어비앤비의 비즈니스 모델(집의 일부 또는 전체를 다른 개인에게 단기간 임대하는 것) 자체를 불법으로 규정하고 있다. 법규는 국가와 도시마다 천차만별이지만, 에어비앤비가 성장할수록 이 거대한 '산업 파괴자(에어비앤비)'를 차단하기 위해 법규를 강화하자는 반대자들의 기세도 그만큼 거세지고 있다. 평소에는 뜻을 같이하기 어려운 진보 정치인, 부동산 거물, 노동조합, 호텔 업계가 연합하여 이 싸움에 뛰어들었다. 한편, 콘도미니엄과 레지던스 업체들은 자기네 건물에 갑자기 증가한 에어비앤비 게스트들의 출입을 아예 금지해버렸다. 무엇보다도 반대자들은 풀타임으로 임대가 가능한 주택을 여러 채 보유한 부동산 업자들이 에어비앤비에서 활개를 친다고 주장한다. 그들은 에어비앤비 때문에 주택 공급이 어려워지고, 저렴한 주거지를 구하지 못하는 문제들이 더욱 악화된다고 말한다. 지금도 뉴욕과 샌프란시스코를 포함한 꽤 많은 도시가 에어비앤비의 성장을 억제하기 위해 법안을 마련하고 시행하고 있다. 에어비앤비가 성장할수록 반대 양상은 점점 더 커지고 복잡해지고 있다.

더불어 에어비앤비는 서로 모르는 사람들을 연결시키는 과정에서 의도하지 않은 부작용도 감수해야 했다. 집 안 뒤집어 엎기, 각종 폭력 사태, 호스트의 크고 작은 실책 등으로 인해 최악의 비극적인 사고가 발생했던 것이다. 그리고 이들은 최근 몇 년간 또 다른 '악'과 끈질긴 싸움을 벌이고 있다. 플랫폼에 인종 차별적인 글들이 올라왔기 때문이다.

이러한 사태들은 그리 놀랄 만한 일이 아니다. 온라인상에 사람들을 서로 연결시키는 오픈 마켓플레이스를 구축하면, 실제 사회의 모습이 플랫폼에 그대로 투영되기 마련이다. 에어비앤비는 플랫폼을 이용하는 사람들이 친절하리라는 가정 하에 브랜드를 구축했고 또 그렇게 믿었지만, 모든 사람들이 그런 것은 아닐 테니 말이다.

하지만 그럼에도 에어비앤비는 밀레니얼 세대를 넘어 전 세대에게 사랑받는 회사가 됐다. 현재는 베이비붐 세대와 노년층까지 포함한 다양한 세대뿐만 아니라, 기네스 펠트로Gwyneth Paltrow와 비욘세 Beyonce 같은 유명인들도 에어비앤비를 이용하고 있다. 싫든 좋든 에어비앤비는 사람들의 상상력을 자극했고, 이제는 시대정신의 일부가 됐다. 그래서인지 스스로를 '사회적 실험'의 최첨단을 개척했다고 여기는 얼리어답터Early adopter들과 초창기 이용자들은 에어비앤비가 이제는 지나치게 주류가 됐다고 느끼기까지 한다.

사실 에어비앤비라는 비즈니스의 기본 아이디어는 별로 새로울 것이 없다. 체스키는 처음 에어비앤비라는 아이디어를 듣고 멍청한 생각이라고 말하지 않은 유일한 사람은 그의 할아버지뿐이었다고 회상했다. 할아버지는 손자가 하고 싶다는 사업이 무엇인지를 듣고는 고개를 끄덕이며 이렇게 말했다.

"아, 맞아! 그게 우리가 여행하던 방식이지."

할아버지의 말은 사실이었다. 세입자, 하숙생, 입주 가정부 등 많은 사람이 에어비앤비나 인터넷이 등장하기 훨씬 전부터 홈셰어링 형태로 숙박을 해결했다. 역사상 가장 유명한 사람들 중 몇몇 역시 따지고 보면 오늘날의 에어비앤비 사용자와 다를 바 없다. 포시즌스 호텔Fourseasons Hotel의 창립자이자 회장인 이사도어 샤프Isadore Sharp는 어릴 적 토론토에서 자라는 동안 부모님이 여행객을 집으로 들였을 때 처음으로 숙박 사업의 묘미를 느꼈다고 말한 바 있다. 워런 버핏Warren Buffett 역시 어렸을 때 부모님이 여러 여행객을 손님으로 받았다고 말했다. 홀어머니 밑에서 자란 내 남편도 어머님이 집에 남아 있던 침실 하나를 여러 명의 하숙생에게 임대했다고 한다. 수십 년 후에 그는 브룩클린에 3층짜리 집을 마련하여 두세 학기 동안 거주하고 싶은 사람들에게 방을 임대하는 사업을 시작했다.

홈어웨이나 VRBO와 같은 대형 숙박 업체들, 틈새시장을 공략한 베드앤블랙퍼스트 등 온라인으로 단기 숙박 서비스를 제공하는 업체들은 이미 수십 년 전부터 존재했다. 그전에는 크레이그리스트Craigslist(미국의 온라인 생활 정보 사이트)와 신문 광고가 있었다. 뉴욕 대학교 교수이자 『The Sharing Economy(공유경제)』의 저자 아룬 순다라라잔Arun Sundararajan은 "공유경제의 특징 중 하나는 아이디어 자체에는 별로 새로울 것이 없다는 사실이다"라고 지적하기도 했다.

그러나 에어비앤비는 '새로운 업적'을 이뤄냈다. 누구나 쉽고 친근하게 접근이 가능하도록 장벽을 걷어냈고 단순하게 플랫폼을 구축했다. 또 기존의 웹사이트들과 달리 에어비앤비의 숙소 리스트는 호스트의 개성을 드러내는 무대로 활용되도록 디자인됐다. 이를 위해 개별적이고 전문적인 사진 촬영 서비스를 제공함으로써 임대 공간이 매력적으로 보이도록 했고, 검색과 메시지 발송, 대금 지불이 모두 매끄럽게 독립적으로 이루어지도록 설계됐다(많은 사람이 에어비앤비를 향해 기술 비즈니스가 아니라고 말하지만, 에어비앤비는 실리콘밸리에서 가장 정교한 '백엔드Back-end 엔지니어링' 인프라를 보유하고 있다). 무엇보다도 이 회사는 숙박을 마치고 돈을 완납한 고객들과 호스트가 함께 작성할 수 있는 '쌍방 리뷰'라든지, 'ID 검증 시스템'과 같이 신뢰도를 높이기 위한 일련의 도구들을 구축하기 위해 노력해왔다.

에어비앤비가 확실히 차별화된 가장 큰 이유는 '도심' 지역에 초점을 맞췄다는 점 때문이다. 에어비앤비 이전에 존재한 대부분의 공간 임대 회사들은 별장이나 전통적인 지역만을 타깃으로 삼았다. 나무 위에 지은 오두막이나 선상 가옥이 시선을 집중시키는 효과는 있지만, 에어비앤비의 숙소 대부분은 많은 사람이 매력을 느끼는 방 1~2개짜리 아파트로 이루어져 있다. 그리고 이러한 사실은 호텔 업자들에게 엄청난 위협으로 작용했다.

에어비앤비는 호스트가 매일 자신의 공간으로 수익을 거두도록 하고, 동시에 호스트와 게스트 모두에게 새로운 영향을 끼친 최초의 서비스라 할 수 있다. 도심에 위치한 에어비앤비의 숙소는 이용하기

가난한 세 청년은 어떻게 산업을 파괴시켰는가?

쉽고, 밀레니얼 세대의 욕구를 충분히 충족시켰다. 온라인 마켓플레이스 사업들이 그러하듯, 규모가 규모를 키웠고 특정 규모에 도달하자마자 에어비앤비의 시장 지배력은 엄청난 파급력을 가지며 확고부동하게 자리 잡았다.

■ ■ 에어비앤비가 꿈꾸는 담대한 미래

에어비앤비는 숙박과 여행, 공간 및 신뢰와 관련된 기존의 모든 상식을 뒤집어엎었다. 더불어 전통적인 경영 이론조차도 무너뜨렸다. 이 회사의 성장에 있어 가장 주목할 점은 회사를 시작할 당시에 세 창업자들이 조직을 이끌어본 경험이 전무했다는 사실이다. 그래서 그들은 회사를 경영하는 동시에 리더가 되는 법을 배워야 했다. 너무도 빨리 막대한 기업가치를 지닌 거대 기업으로 성장했고, 그에 따라 성장 과정에서 여러 가지 문제를 겪기도 했다. 그러나 이토록 거대한 규모로 성장할 때 전문 경영인을 영입하는 다른 기업들과 달리, 에어비앤비의 세 리더들은 여전히 회사와 함께하며 그들이 띄워 올린 로켓을 조종하고 있다.

변화는 회사의 CEO인 체스키에게서 가장 두드러지게 나타났다. 완벽한 아웃사이더로서 비즈니스에 대한 지식은커녕 웹사이트를 구축하는 간단한 기술조차 없었던 그는 엔젤 투자자들이나 파워포인트 발표자료가 무엇인지도 모르는 상태에서 기업가치가 300억 달러에 달하고 직원 수가 2500명이나 되는 조직을 이끌기 위해 재빨리 변화했다. 비록 체스키가 가장 큰 명예를 얻었지만, 다른 공동 창업자들과의 컬래버레이션이 없었다면 에어비앤비는 절대로 성장할 수 없었다. 게비아는 어릴 적부터 '기업가 정신'을 발휘하는 데 재주가 있었고, 대담한 아이디어를 지닌 '디자인 파괴자'였다. 또 기술 담당인 네이선 블레차르지크Nathan Blecharczyk는 고등학교에 재학할 당시 소프트웨어를 만들어 판매할 정도로 재능 있는 엔지니어였다. 그는 불가사의할 만큼의 엄청난 기술적 재능을 바탕으로 에어비앤비의 성공에 지대한 기여를 한 백본Backbone(자신에게 연결돼 있는 소형 회선들로부터 데이터를 모아 빠르게 전송할 수 있는 대규모 전송 회선)과 인프라를 혼자서 구축해냈다. 이에 체스키는 회사의 리더로서 정상에 올랐고, 게비아와 블레차르지크는 최근 몇 년간 각자의 역할을 설정하고 강점에 걸맞은 리더로 자리 잡았다.

이 책의 집필이 끝날 무렵, 체스키는 회사의 가장 중대한 변화를 선포하기 위한 발표를 앞두고 있었다. 단순한 숙소 중개 비즈니스에서 벗어나 새로운 상품과 도구, 체험을 통해 '여행 외의 나머지 영역들'을 추구하려는 야심찬 계획이었다. 즉, 현재 에어비앤비는 사용자들이 여행을 통해 독특한 활동에 몰입하고 즐길 수 있도록 '새로운 체험을 위한 목적지'를 제시하는 방향에 집중하고 있다. 아직 젊고 창창하며 핵심 사업이 매년 갑절로 성장하고 있는 회사가 다시한 번 새롭고 거대한 비즈니스 영역에 뛰어든다는 사실은 엄청나게 대담한 용기이자 혁신이라 평가할 만하다.

에어비앤비는 너무도 빠르게 성장하고 있어서 이 책이 출판되는 동안에도 많은 변화가 일어날 것이다. 집필이 막바지에 이르렀을 때에야 비로소 나는 그날 페어몬트 호텔 로비에서 체스키가 꺼냈던 말의 의미를 깨달았다. 나는 에어비앤비가 새로운 비즈니스로 진입한다는 이야기를 듣고는 체스키에게 "숙박을 중개하는 소박한 사업은 이제 '구식'처럼 보이네요"라고 말했다. 그는 진지한 눈으로 나를 바라보더니 방금 내게 보여줬던 발표자료를 가리키며 이렇게 말했다.

"나는 이것도 곧 '구닥다리'가 되기를 바랍니다."

이 세 명의 창업자들에게 있어 에어비앤비를 설립하고 성장시키는 일은 결코 쉽지 않은 여정이었다. 불미스러운 일도 많았고, 앞으로는 더 많은 난관이 그들 앞에 모습을 드러낼 것이다. 더불어 머지않아 새로운 비즈니스로 확장하고 기업공개Initial Public Offering(일정 규모의 기업이 상장 절차 등을 밟기 위해 행하는 외부 투자자들에 대한 첫 주식공매를 말하는 것으로 기업 경영을 공개하는 것)를 준비하는 동안 이들은 상당히 큰 시험대에 오를 것이다. 지금껏 회사는 매우 정교하게 균형을 유지하면서 미션과 성장을 동시에 추구해왔다. 투자자 집단을 회사의 장기적인 비전에 동의하는 자들로만 선별하여 채웠기 때문이다. 그러나 주식 시장에 상장하고 나면 회사는 거대 기관 투자자들의 경영 압박으로부터 본래의 핵심미션을 어떻게 조화롭게 유지할지 고민에 빠질 것이다.

어찌됐든 에어비앤비는 이미 전 세계에 거대하고 지속적인 영향을 끼쳤다. 기록적으로 빠르게 규모를 키웠을 뿐만 아니라, 제로에 가까운 출발점에서 시작해 300억 달러짜리 기업으로 성장하는 힘을 보여주며 기존의 경영 상식들을 완전히 박살내버렸다. 에어비앤비는 우리가 공간을 바라보는 법, 그리고 낯선 사람과 만나는 법을 재정의했으며, '대안적 숙박'을 새로운 시장에 선보임으로써 여행하는 법을 뒤바꿔놓았다. 그리고 지금, 에어비앤비는 우리가 집에서 살아가는 방법과 새로운 곳을 체험하는 법을 변화시키려고 한다. 많은 반대자들과 자금력이 풍부한 업계의 거물들이 공격을 가해오는 등 온갖 악조건에도 불구하고 에어비앤비는 해냈다. 경영 경험이 전무한 세 명의 창업자들이 내놓은 아이디어는 쉽게 동의할 수 없을 만큼 이상했고 조금은 건방지기까지 했다. 체스키와 게비아, 블레차르지크가 어떻게 이만큼 멀리 왔는지에 관한 이야기는 수백 년에 한 번 나올까 말까. 그리고 이들의 이야기는 대담한 아이디어를 가졌지만 매번 무시당하고 조롱받았던 사람들에게 영감과 용기를 불러일으키기에 충분하다.

이 책이 바로 그들의 이야기다.

2017년
레이 갤러거

Contents

제1장
좌충우돌의 시절
쓸데없고 멍청해 보이는 아이디어가 만들어낸 기적

제2장
위대한 기업의 탄생
창업 10년 만에 세계 최고의 기업들을 넘어서다

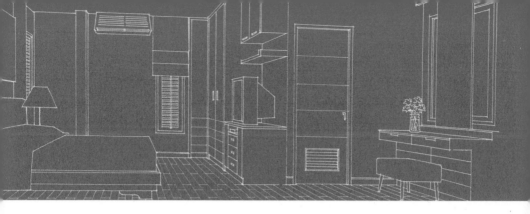

제7장
에어비앤비가 꿈꾸는 미래
숙박을 넘어 여행 플랫폼으로, 4차 산업혁명 시대 비즈니스 모델의 진화

제1장

좌충우돌의
시절

—

**쓸데없고
멍청해 보이는 아이디어가
만들어낸 기적**

"
네가 비행기에 오르기 전 너에게 해줄 말이 있어.
우리는 언젠가 회사를 창업할 것이고
사람들은 그 회사에 대해 책을 쓸 거야.
"

– 조 게비아

에어비앤비가 어떤 과정을 거쳐 지금에 이르렀는지 그 대략적인
이야기는 이미 실리콘밸리를 넘어 다른 나라에까지 잘 알려져 있다.
2007년 10월, 실직 상태였던 두 명의 디자인스쿨 졸업생이 샌프란
시스코의 아파트에서 생각해낸 장난스러운 아이디어로 인해 에어
비앤비가 탄생했다는 그 이야기 말이다. 이러한 일화는 오래전부터
전해 내려오던 전설적인 창업 스토리와 비슷한 분위기를 풍긴다. 나
이키Nike의 공동 설립자 빌 보위먼Bill Bowerman이 실수로 아내가 사용
하던 와플팬에 액체 우레탄을 부어 '와플 스니커즈'를 탄생시켰다거
나, 빌 휴렛Bill Hewlett과 데이브 팩커드Dave Packard가 작은 차고에서
음향 발진기를 만들어 훗날 실리콘밸리 1호 벤처 기업인 HP를 설립
했다는 이야기처럼 말이다.

사실 에어비앤비의 창업 스토리는 그로부터 몇 년 전인 2004년
여름, 샌프란시스코에서 약 4800킬로미터 떨어진 로드아일랜드 디

자인스쿨에서 시작됐다. 브라이언 체스키와 조 게비아는 헤어드라이어와 같은 소형 가전으로 유명한 전자기기 업체 콘에어 코퍼레이션Conair Corporation의 인턴십 프로그램 일원이었다. 그 프로그램에서 콘에어는 학생들에게 6주에 걸쳐 콘에어에 걸맞은 상품을 디자인하라는 과제를 부여했는데, 체스키와 게비아는 함께 팀이 되기로 의기투합했다. 교내에서 스포츠를 통해 처음 만난 두 사람은 이미 서로에 대해 잘 알고 있었다. 체스키는 아이스하키팀에서, 게비아는 농구팀에서 활동하고 있었고, 두 사람은 자신의 팀을 마케팅하거나 유니폼을 새롭게 디자인하는 등 다른 학생들과 달리 무척 열성적으로 임했다.

그러던 체스키와 게비아가 디자인 프로젝트에 진지하게 임한 것은 콘에어 프로그램이 처음이었다. 학생들은 일주일에 한 번씩 코네티컷에 있는 콘에어의 본사로 가 회사의 마케팅팀 앞에서 브리핑을 한 뒤 학교로 돌아와 디자인 작업을 계속했다. 두 사람은 아이디어를 짜내기 위해 분주했고 스튜디오에서 밤을 새우기 일쑤였다. 발표할 시점에 이르러 다른 팀들은 각기 새로운 헤어드라이어의 디자인을 선보였다. 반면 체스키와 게비아는 '씻으면 없어져버리는 비누 셔츠'처럼 기존의 상식을 뒤엎는 독창적인 제품을 만들어야 한다고 주장하며 콘에어의 새로운 비전을 제시했다. 그 당시를 회상하며 체스키는 이렇게 말했다.

"임원들의 어두운 얼굴이 모든 결과를 말해주더군요."

이 프로그램을 담당하던 마케팅 매니저는 체스키에게 혹시 작업을 하면서 커피를 너무 많이 마신 게 아니냐고 물었다. 체스키는 "아뇨. 커피는 단 한 모금도 마시지 않았습니다"라고 대답했다. 결과적으로 두 사람에게 있어 인턴십 프로그램은 헤어드라이어를 위한 것이 아니라, 둘이 머리를 맞대면 어떤 아이디어가 생겨날지를 판단해보는 일종의 '실험'이었다.

"우리는 아이디어를 계속 높이 쌓아갔습니다. 게비아와 함께하면 아이디어가 작아지기는커녕 늘 팽창했죠."

게비아의 생각도 그와 같았다.

"'우리가 같이 방에 들어가 아이디어를 짜내면 적어도 색다른 시도를 해볼 수 있겠군'이라고 생각했습니다."

인턴십 프로그램이 끝날 무렵 체스키는 학교를 졸업했다. 둘이 함께 캠퍼스에서 지내는 시간이 막바지에 이르자 게비아는 마음에 담아 두었던 말을 꺼낼 때가 됐다고 생각했다.

"네가 비행기에 오르기 전 너에게 해줄 말이 있어. 우리는 언젠가 회사를 창업할 것이고 사람들은 그 회사에 대해 책을 쓸 거야."

체스키는 게비아의 말을 고맙게 받아들였다(게비아는 당시를 회상하며 "체스키는 나를 흘끔 보더니 그냥 웃어넘기더라고요"라고 말했다). 하지만 아들의 꿈을 믿어준 부모님을 실망시키지 않기 위해, 또 산업디자이너로서의 새로운 인생을 시작하기 위해 그는 졸업 후 곧장 로스앤젤레스로 날아갔다.

체스키는 로스앤젤레스에 도착하자마자 디자인스쿨 동창생 몇 명과 함께 '3DID'라는 산업디자인 회사에서 일을 시작했다. 처음 몇 개월 동안은 ESPN, 마텔Mattel과 같은 기업의 의뢰를 받아 실제 제품을 디자인하며 큰 재미를 느꼈다. 하지만 얼마 지나지 않아 이 일은 자기가 진정으로 원하는 일이 아니라는 사실을 깨달았다. 그는 애플Apple과 조본Jawbone에 새로운 이미지를 부여한 디자이너 조너선 아이브Jonathan Ive와 이브스 베하르Yves Behar와 같은 사람이 되기를 꿈꿨다. 하지만 일상적인 업무는 시시했고 대부분 단순 반복적인 일이었다.

"하찮은 일은 아니었습니다. 하지만 학교가 약속한 디자이너로서의 이상도 분명 아니었습니다."

디자인 명문학교로 손꼽히는 로드아일랜드 디자인스쿨은 학생들에게 '세상을 변화시키는 창의적 이상주의 정신'을 심어주었다. 그는 학교에 다니며 '무언가를 구상할 수 있다면 그것을 디자인할 수 있다'거나 '너는 디자이너로서 세상을 바꿀 수 있다'는 말을 줄곧 들었다. 하지만 로스앤젤레스에 오고 나서부터는 현실을 직시해야 했다. 그래서일까? 체스키는 도통 그곳에 정을 붙이지 못했다.

"출근하는 데에만 1시간 반을 텅 빈 차에서 보냈습니다."

그는 이러한 삶에 환멸을 느꼈고 잘못된 선택을 했다고 생각했다.

"저는 제 삶이 차 안에 갇혀버린 것 같다고 느꼈습니다. '아, 이렇게 내 인생이 끝나버리겠구나!' 눈앞에서 도로가 지평선으로 사라지고, 룸미러로 뒤를 봐도 도로가 사라져버린 것 같은 막막한 기분에 사로잡혔죠."

한편 게비아는 학교를 졸업한 뒤 곧장 샌프란시스코로 거처를 옮겼다. 로쉬 가에 있는 방 세 개짜리 아파트에 살면서 크로니클 북스 Chronicle Books의 디자이너로 일하며 커리어를 쌓아나갔다. 물론 학교에 다니며 디자인했던 의자 쿠션을 제작하는 등 자신의 기업가적 소질을 발휘하는 데에도 소홀하지 않았다. 학교에 다닐 당시, 게비아는 친구들과 함께 엉덩이 모양의 쿠션을 디자인했고 '크릿번스CritBuns(비평가의 엉덩짝)'라는 익살맞은 이름을 붙였다. 그런데 이것이 권위 있는 상을 수상했고, 학교는 제품 개발에 필요한 비용을 대고 졸업생 모두에게 쿠션을 선물하겠다고 약속했다. 게비아는 800개의 크릿번스를 졸업식 전까지 생산해내기 위해 급히 제조 업체를 섭외했고, 다음 날에는 아예 회사를 차려버렸다(게비아는 어렸을 때부터 비즈니스와 예술을 융합하는 데에 두각을 나타냈다. 초등학교 3학년 시절에는 '닌자 거북이'를 그려 친구들에게 장당 2달러에 팔기도 했다. 부모님이 알아채고 선생님께 이르기 전까지 말이다).

멀리 떨어져 있었지만 두 사람은 자주 이야기를 나눴다. 게비아는 체스키에게 크릿번스의 생산 과정을 알렸고, 3DID가 디자인할 만한 제품의 아이디어를 제시했다. 그리고 항상 대화가 끝날 무렵이면 샌프란시스코로 와 함께 창업을 하자고 설득했다. 그때마다 체스키는 이렇다 할 확답을 내리지 못했다. 건강 보험에 가입할 수 있는 직장에 다녔으면 좋겠다는 부모님의 바람 때문에 확실한 직장을 잡지 못한 상태에서 무모하게 도전을 하기가 어려웠다.

그러던 어느 날 게비아는 체스키의 회사로 소포를 보냈는데, 그 안에는 시판용 크릿번스 두 개가 들어 있었다. 게비아는 마침내 시장 출시에 성공했고, 디자이너의 명예라 할 수 있는 모던 아트 디자인 박물관 스토어의 대량 납품 계약을 따냈다. 체스키는 '정말로 게비아가 해냈군!'이라며 크게 감탄했다. 그러고는 '왜 다른 사람들은 사업을 이뤄나가는데 나는 그렇지 못할까?'라는 고민에 빠졌다. 그는 결국 기회를 잡기 위해 모험을 하기로 결심했다.

　물론 샌프란시스코에도 일자리는 많았다. 2007년 초에 체스키는 빠르게 성장하는 가정용 제품 회사 '메소드Method'에 입사 지원서를 냈다. 체스키는 이 회사에 입사하는 것이야말로 게비아에게 그간 하지 못했던 자신의 대답이 될 수 있을 거라 생각했다. 샌프란시스코에 있을 뿐만 아니라, 체스키 본인의 가치관과도 일치하는 디자인 중심 기업이었기 때문이다. 그는 로스앤젤레스에서 샌프란시스코를 오가며 길고 긴 면접을 치렀고, 점점 더 메소드에 흥미를 느꼈다. 하지만 결과는 끝내 불합격이었다.

　다만 체스키는 긴 면접 과정에 임하며 샌프란시스코라는 도시의 매력에 푹 빠져들었다. 거리에 넘치는 에너지, 그리고 게비아를 통해 만난 창의적이고 기업가 정신이 충만한 사람들 덕분에 그는 학교를 다닐 때 느꼈던 열정을 다시금 떠올릴 수 있었다. 그리하여 체스키는 로스앤젤레스에 본거지를 두고 샌프란시스코를 오가며 게비아와 함께 어떤 회사를 창업할지 고민하기로 결심했다.

그런데 그해 9월, 게비아의 룸메이트 두 명이 갑자기 이사를 가버리는 사태가 발생했다. 집주인이 월세를 올렸기 때문이었다. 게비아는 체스키에게 샌프란시스코로 이사를 와 방 하나를 쓰면 좋겠다고 애원했지만, 두 명이서 세 명의 방세를 내야 하는 사정이라 부담을 느꼈다. 집세 납부일이 다가오고 룸메이트를 구할 가능성이 희박해지자, 게비아는 집주인에게 전화를 걸어 아파트를 포기하겠다고 마음먹었다. 그런데 그 순간 체스키에게서 먼저 전화가 걸려왔다.

"우리가 함께한다면 분명 재미있는 일을 벌일 수 있을 거야. 샌프란시스코에서 보자."

체스키는 로스앤젤레스에서의 삶을 빠르게 정리했다. 여자친구에게 이별을 통보한 뒤 룸메이트들에게 샌프란시스코로 떠난다는 말만 남긴 채 늦은 밤 자가용을 몰고 길을 떠났다. 그는 어두운 해안도로를 달리며 한치 앞도 보이지 않는 어둠에 사로잡혔지만, 앞으로의 미래만큼은 그렇지 않을 거라 확신했다. 직장에 매여 그토록 오랫동안 머릿속을 떠나지 않았던 답답함을 끊어내리라 다짐했고, 자신의 삶이 텅 빈 도로와는 같지 않을 거라고 생각했다. 이 길은 분명 그 길과는 달랐다. 샌프란시스코로 향하는 길은 '가능성의 길'이었다.

■■ 일상 속 작은 문제를 기회로 인식하다

그런데 체스키가 샌프란시스코에 도착하자 게비아는 더 이상 그곳에서 살지 못할 처지가 되었다며 걱정을 늘어놓았다. 집주인이 집세를 1150달러로 더 올려버린 탓이었다. 체스키의 계좌에는 고작 1000달러뿐이었다. 둘은 어떻게 집세를 충당할 수 있을지 논의하기 시작했다. 그중 한 가지 아이디어는 10월 말에 샌프란시스코에서 열릴 유명 행사인 '미국 산업디자인협회 컨퍼런스'와 관련된 것이었다. 수천 명의 디자이너가 샌프란시스코를 방문할 테니 호텔은 분명 만실이 되고 숙박료는 천정부지로 오를 게 뻔했다. 두 사람은 이렇게 생각했다.

'우리 아파트의 빈 공간과 침대를 컨퍼런스 참가자들에게 빌려주고 아침 식사를 제공하면 되는 거 아냐?'

게비아는 캠핑할 때 사용했던 에어 매트리스 세 개를 옷장에서 꺼냈다. 거실과 부엌, 방 세 개가 있는 게비아의 아파트는 여러 사람이 함께 지내기에 충분히 넓었다. 게다가 둘은 싼 가격에 숙박을 제공하고 손님들에게 아침 식사까지 만들어줄 수 있었다. 그렇게 그들은 많은 컨퍼런스 참가자가 접속할 만한 몇몇 디자인 블로그에 자신들의 아파트를 광고하자는 생각에까지 다다랐다.

두 사람은 몇 주에 걸쳐 아이디어를 정리해나갔는데 이야기를 나누면 나눌수록 아이디어는 점점 더 괴기해졌다. 과연 제대로 성공할 수 있을지 의심스러웠지만, 집세 납부일이 다가오는 상황에서 더 이상 선택의 여지가 없었다. 일단은 아이디어의 뼈대와 대강의 이미지를 그리고, 기초적인 웹사이트를 HTML로 구축할 수 있는 프리랜서 한 명을 고용해 '에어베드앤블랙퍼스트'라고 이름 붙였다. 웹사이트에는 "두 명의 디자이너가 이번 컨퍼런스에 참가할 수 있는 새로운 방법을 만들다!"라는 문구와 함께, 에어 매트리스 하나를 빌리는 데 80달러면 충분하다는 설명을 덧붙였다. 얼마 지나지 않아 "크레이그리스트나 카우치서핑과 비슷하네요. 하지만 더 멋집니다"라는 추천글도 올라왔다.

더불어 두 사람은 여러 디자인 블로거들과 컨퍼런스 운영자들에게 이메일을 보내 자신들의 웹사이트를 홍보해달라고 요청했다. 컨퍼런스 운영자들은 재미있어 했지만 터무니없는 아이디어라며 무시했고, 디자인 블로거들은 흔쾌히 돕겠다고 나섰다. 체스키와 게비아는 히피 스타일의 배낭여행자 두 명만 손님으로 받아도 집세를 충분히 낼 수 있겠다며 기뻐했다. 며칠 지나지 않아 그들은 세 명으로부터 예약을 받았다. 보스턴에 사는 30대 디자이너 캣Kat, 유타에서 온 다섯 아이의 아빠 마이클Michael, 애리조나 대학교 산업디자인 석사 과정을 막 졸업한 인도 출신의 남성 수르베Surve였다.

그들의 예상과 달리 이들은 히피와 거리가 멀었다. 금전적인 제약으로 인해 이 서비스를 꼭 이용해야만 했던 전문 디자이너들이었다. 사실 그들의 입장에서 볼 땐 두 사람을 믿을 수밖에 없는 상황이었다. 첫 번째 예약자인 수르베는 이런 방식의 숙박이 이상하다고 생각했지만 필사적으로 컨퍼런스에 참여하고 싶었기에 예약을 했다고 말했다. 더불어 이러한 웹사이트를 자신과 생각이 비슷한 디자이너가 만들었다는 사실을 알게 되고는 안심했다고 말했다.

"디자이너들을 위해서 디자이너가 디자인한 콘셉트라고 생각했습니다."

수르베는 그 당시 생소했던 '에어베드'라는 말을 구글에서 검색한 뒤 최초의 에어베드앤블랙퍼스트 웹사이트에서 신청 양식을 작성했다. 호스트에게서 아무런 연락이 없자 그는 게비아의 정보를 찾아내 직접 휴대폰으로 전화를 걸었다.

"신청을 하고 싶어서 전화를 걸었더니 진짜 놀라더군요. 누군가가 숙박을 할 거라고는 전혀 예상하지 못한 목소리였어요."

수르베는 5박을 예약하고 1박에 80달러를 지불했다.

"저는 컨퍼런스에 가고자 했고, 그들은 방을 임대하고자 했으니 양쪽 모두 좋은 거래였죠. 말하자면 '완벽한 결합'이었어요."

■ ■ 정말로 이 일을 계속해야 하는 걸까?

공항에서 내린 수르베는 그들이 알려준 바트Bart(샌프란시스코의 고속 통근철도)를 타고 아파트 문 앞에 도착했다. 게비아의 환영 인사를 받은 수르베는 그때를 이렇게 회상했다.

"게비아가 문을 열어줬습니다. 그는 비행사들이 쓰는 모자와 커다랗고 트렌디한 안경을 썼더군요. 단숨에 '그래, 디자이너가 맞군'이라고 느꼈습니다."

게비아는 수르베에게 신발을 벗고 들어오라고 말한 다음, 아파트

이곳저곳과 수르베가 머물 방을 보여줬다. 그 방에는 에어 매트리스 하나, 베개 하나, 그리고 바트 승차권과 도시 지도, 노숙자에게 적선하는 용도의 동전이 들어 있는 '웰컴 패키지'가 놓여 있었다. 수르베는 짐을 내려놓고 거실 소파에 앉아 노트북을 켜고는 컨퍼런스 프로그램을 확인했다. 체스키와 게비아는 탁자에 앉아 새로운 콘셉트를 파워포인트로 작성하느라 여념이 없었다. 수르베가 몸을 기울여 슬쩍 훔쳐보니, 첫 번째 손님이 된 자신에 관한 슬라이드가 눈에 들어왔다.

"아이러니했어요. 저는 거실에 있었지만 동시에 슬라이드 속에도 있었으니까요."

두 사람은 서비스에 대한 피드백을 듣기 위해 수르베에게 여러 가지 질문을 던지기 시작했고, 그날 밤 참석하기로 한 발표 행사에 그를 초대했다. '페차쿠차PechaKucha'라고 불리던 그 행사는 디자이너들이 다른 디자이너들에게 비즈니스 아이디어를 소개하고 설득시키는 모임이었다. 체스키와 게비아는 이제 첫 번째 고객 앞에서 자신들의 아이디어를 발표할 수 있는 기회를 잡은 셈이었다.

곧이어 다른 손님들도 속속 아파트에 도착했다. 캣과 수르베는 방을 공유했고, 마이클은 주방을 선택했다. 다음 날이 되어 모두 컨퍼런스장에 도착했는데, 체스키와 게비아는 자신들의 새로운 아이디어를 알리느라 야단법석이었다. 특히나 체스키는 "저 사람에게 물어봐요. 얼마나 근사한지 말이죠!"라며 수르베를 앞으로 밀어 세우기에 바빴다. 수르베는 그곳이 얼마나 재미있는지, 여느 숙박 시설과는 어떤 점이 다른지를 진심으로 설명했다. 그러나 사람들은 아무도 진지하게 받아들이지 않았다. 페어몬트 호텔 라운지에서 휴식을 취하던 체스키는 엄청난 인파를 뚫고 그가 오랫동안 존경해온 유명 디자이너에게 다가갔다. 그는 자신을 소개하고는 새로운 아이디어에 대해 설명했다. 하지만 그 역시 별다른 감흥을 느끼지 못했다.

"브라이언, 그게 자네가 하고 있는 유일한 일이 아니길 바라네."

이 말은 현실을 직시하라는 수많은 충고 중 가장 강력한 첫 번째 한 방이었다.

컨퍼런스장 밖으로 나온 체스키와 게비아는 유명한 타코 가게, 페리빌딩, 스탠퍼드 대학교의 디자인스쿨 등 샌프란시스코의 여러 관광지를 돌며 수르베에게 구경을 시켜줬다. 그들은 아침 식사로 굽지 않은 팝 타르트Pop Tarts(두 장의 과자 사이에 크림이 발라져 있는 켈로그 사의 아침 식사 대용 제품)와 오렌지 주스를 내놓았다. 며칠 지나지 않았는데도 이들 다섯 명은 아파트에서 서로 가릴 것 없이 편안하게 지냈다. 체스키의 기억에 따르면, 부엌 바닥에 놓인 에어 매트리스 위에서 속옷만 입고 있던 마이클과 자연스럽게 대화를 나눌 정도였다. 그들은 일주일 만에 1000달러를 벌었다.

허나 이때까지만 해도 이 아이디어가 엄청난 비즈니스가 될 줄은 꿈에도 상상하지 못했다. 사실 너무 엉성하고 이상하기만 한 아이디어였다. 그저 집세를 충당하고 빚을 지지 않겠다는 단기 방편에 지나지 않았으니 말이다. 가능하면 진짜로 멋진 아이디어를 생각해낼 때까지 금전적인 어려움에 처하지 않기만을 바랄 뿐이었다.

체스키와 게비아는 진짜로 어떤 회사를 창업해야 하는지를 발견하기 위해 다시 브레인스토밍에 집중했다. 거기에 게비아의 옛 룸메이트였던 네이선 블레차르지크를 끌어들였다. 그는 임시로 이런저런 일을 하는 보스턴 출신의 엔지니어였다. 전기 엔지니어의 아들인 그는 12살에 아버지 서재에 있던 책을 독학하여 프로그래밍 기술을 습득했고, 강렬한 호기심이 샘솟던 14살 때는 온라인으로 의뢰받은 고객에게 돈을 받고 일을 해주기 시작했다. 고등학교를 마칠 무렵에는 마케팅 소프트웨어를 만들어 100만 달러를 벌었으며, 그 돈으로 하버드 대학교에서 컴퓨터사이언스를 전공했다. 블레차르지크는 2007년에 교육 관련 스타트업을 창업했다가 쫄딱 망하는 바람에 가진 돈을 다 써버리고는 업계를 떠날 참이었다. 게비아는 이미 크로니클 북스에서 퇴사하여 크릿번스 이후에 생각해두었던 새로운 스타트업에 집중하던 중이었다. 세 사람은 브레인스토밍을 위해 모여 앉아 이 아이디어에서 저 아이디어로 방향을 전환해보았다. 한 번은 룸메이트를 구하는 사람들을 위해 크레이그리스트와 페이스북을 결합시킨 '룸메이트-매칭' 웹사이트를 구축하자는 아이디어를 논의한 적이 있었다. 4주에 걸쳐 그 아이디어를 디자인하고 정교화했지만, 검색창에 룸메이트닷컴roommates.com이라는 URL을 쳐보고는 이미 그런 비즈니스 모델이 존재한다는 사실을 발견하고 좌절에 빠졌다. 그들에게는 다른 계획이 필요했다.

이 무렵 체스키는 크리스마스를 맞아 풀 죽은 모습으로 뉴욕 주니스카유나에 있는 부모님의 집을 찾았다. 오랜만에 만난 가족과 친구들이 지금 무슨 일을 하고 있느냐고 묻자, 그는 사업가가 됐다고 대답했다.

"아니지, 넌 실직을 한 거야."

어머니가 그의 말을 바로잡았다. 사실 부모님이 듣기에 '사업가'라는 말은 현실에 존재하는 단어가 아니었다. 뒤이어 친구들은 "사업가로서 너는 어떤 일을 하는데?"라고 물었다. 친구들에게조차 딱히 할 말이 없었던 그는 몇 번이고 '에어베드앤블랙퍼스트'라는 아이디어에 집중하는 일이 자신의 직분이라는 사실을 깨달았다. 게비아도 고향 애틀랜타에서 비슷한 일을 겪고 있었다. 두 사람은 이미 에어베드앤블랙퍼스트에 너무나 익숙해져 있었다. 그러나 그들의 마음속에 이런 의문이 전혀 없었던 것은 아니었다.

'정말로 그 일을 계속해야 하는 걸까?'

■ ■ 기초를 튼튼히 다지다

체스키와 게비아는 샌프란시스코로 돌아와 에어베드앤블랙퍼스트를 성공시키기 위해 박차를 가했다. 우선 사업 콘셉트를 정교하게 다듬기로 했다. 전국 이곳저곳에서 개최되는 컨퍼런스들을 찾고, 그곳에서 숙소를 마련하지 못해 발을 동동 구를 참가자들을 대상으로 서비스를 확장하기로 했다. 긴 조사 끝에 두 사람은 서비스를 시작할 최적의 행사 하나를 찾아냈다. 미국에서 가장 유명한 행사 중 하나인 '사우스 바이 사우스웨스트 South by Southwest(이하 사우스바이)'로, 텍사스 주 오스틴에서 개최되는 기술·음악·영화 페스티벌이었다.

하지만 비즈니스를 본격적으로 시작하기 위해서는 반드시 기술자인 블레차르지크를 설득해야 했다. 두 사람은 그를 불러내 함께 저녁 식사를 하며 자신들의 아이디어를 설명했다. 블레차르지크는 그들의 아이디어가 신선하다고 느꼈고, 게비아와는 일하는 방식이 잘 맞아 부가적인 프로젝트를 함께할 수 있다는 점에서 긍정적인 의사를 내비쳤다. 하지만 너무나 거창해져버린 아이디어를 듣고는 앞으로 늘어날 일의 양 때문에 쉽사리 결정을 내리지 못했다. 실질적인 일은 모두 자신의 몫이었고, 무엇보다도 행사 일정을 맞추려면 거의 몇 주 안에 모든 작업을 끝내야 했기 때문이었다. 확답을 듣지 못한 체스키와 게비아는 일주일 후 다시 그를 만나 설득하기로 했다. 그때 게비아는 불현듯 자신들의 아이디어가 지나치게 거창하다는 사실을 깨달았다.

"네이트(블레차르지크를 일컬음)는 돌아버릴 거야. 우리는 규모를 좀 줄여야 해."

그들은 신속히 아이디어를 수정하기로 협의하고, 몇 주 만에 기술적으로 실행에 옮길 수 있는 '축소판 버전'을 만들었다. 거기에 '에어베드앤블랙퍼스트 라이트Lite'라는 이름을 붙였다.

"프로그래밍 코드를 반으로 줄여도 뛰어난 서비스가 되도록 만들었습니다."

이로써 그들은 함께 술잔을 부딪쳤고, 블레차르지크는 마침내 이 프로젝트에 함께하기로 동의했다. 이제 앞을 향해 뛸 일만 남은 셈이었다.

그들 셋은 에어베드앤블랙퍼스트가 일종의 '사회적 운동'이 되기를 바랐다. 다만 체스키는 모든 것이 무료로 자유롭게 공유돼야 한다는 이상주의적 관점을 가지고 있었다.

"저는 처음부터 에어비앤비가 카우치서핑과 같은 공짜 웹사이트가 돼야 한다고 생각했습니다. 극단적이라고 할 만큼 진보적이었죠. 돈 따위는 중요치 않다는 마음이었습니다."

하지만 게비아와 블레차르지크는 달랐다. 그들은 이 서비스가 이익을 창출하는 '비즈니스'가 돼야 한다는 점을 명확히 인식하고 있었다. 결국 두 사람은 체스키를 설득했고, 의견을 일치시키는 데에 성공했다.

"'그래, 너희 생각이 맞아. 비용을 지불하도록 만들자'라고 대답했던 것 같아요. 네, 이 비즈니스는 돈이 돼야 했습니다. 확실하게 '비즈니스 모델'이 돼야 했죠."

그들은 사우스바이 페스티벌을 위해 에어베드앤블랙퍼스트를 완전히 새로운 사이트에 소개하여 여러 매체의 관심을 끌기로 했다.

"서비스를 론칭했지만 아무도 알지 못하면 계속 론칭할 수밖에 없습니다. 우리는 론칭을 계속했고 사람들은 그것에 관해 글을 썼죠. 고객을 확보할 때까지 계속 론칭하면 된다고 생각했습니다(이는 체스키가 막 사업을 시작하는 젊은 창업가들에게 해주는 첫 번째 조언이다)."

하지만 결과적으로는 아무런 반응이 없었다. 블레차르지크는 "서비스를 궤도에 올려놓는 전환점이 되지 못했죠"라고 말했다. 그런데 문제는 더 심각했다. 돈을 지불한 고객이 두 명뿐이라는 사실이었다. 게다가 그중 한 명은 체스키였다.

체스키 본인도 사우스바이 페스티벌에 참가하기 위해 텍사스 대학교 박사 과정 학생인 티엔둥 레Tiendung Le의 거실을 빌려 지냈는데, 레는 당시에 세 창업자들이 크레이그리스트의 아이디어를 베꼈다고 생각했다. 거실에 에어 매트리스를 펼쳐놓은 그는 특이하게도 베개 위에 민트 잎까지 올려놓은 채 체스키를 맞았다. 그러고는 매일 아침 에스프레소를 뽑아주었고(레에 따르면 체스키는 '2초 만에' 커피를 마셨다고 한다), 그를 페스티벌에 태워다줬다. 그때마다 체스키는 회사의 비전을 설명했고 컨퍼런스에 연사로 나온 마크 주커버그 Mark Zuckerberg를 만나고 싶다는 열렬한 바람을 말하기도 했다.

그들은 사우스바이 페스티벌을 통해 사업상으로는 아무것도 이루지 못했지만, 스스로 사이트를 이용해본 체스키는 대금 지불 프로세스에 몇 가지 문제점이 있음을 발견했다. 그는 현금 인출기에서 돈을 찾는 걸 두 번이나 깜빡하는 바람에 공짜로 숙박을 하는 건 아닐까 의심받는 어정쩡한 상태로 이틀 밤을 보내야 했다. 게다가 레는 체스키와 친해지는 바람에 그에게 돈을 요구하기도 어색한 상황이 됐다. 세 창업자들은 훨씬 더 정교한 대금 지불 시스템을 구축해야 한다고 생각했다. 서비스를 시작하기에 앞서 기초를 튼튼히 하지 못하면 결코 비즈니스를 확장할 수 없을 거라는 확신이 들었다.

웬일인지 페스티벌이 끝나고 난 후 그 지역으로 여행을 계획한 몇 명의 고객들이 그들의 사이트 문을 두드렸다.

"에어베드앤블랙퍼스트 서비스를 이용할 수 있을까요?"

세 명의 창업자들은 단호하게 "노!"라고 답했다.

■ ■ 만지기조차 꺼려지는 '방사능' 같은 아이디어

사우스바이 페스티벌 때 체스키와 게비아는 핵심적인 인물과 안면을 텄다. 게비아의 아파트에 입주한 세 번째 룸메이트 필 라니에리Phil Reyneri는 '저스틴닷티비Justin.tv'라는 스타트업의 직원이었다. 라니에리는 그의 CEO인 25살의 마이클 세이벨Michael Seibel과 함께 페스티벌에 참가 중이었는데, 세이벨은 체스키와 게비아에게 자신이 있는 호텔 방에서 같이 묵자고 제안했다. 두 사람은 이때다 싶어 세이벨에게 자신들의 사업 아이디어를 설명했고, 그는 "말이 되는 아이디어네요"라며 마음에 들어 했다. 그는 과거에 종종 카우치서핑을 이용했는데, 비록 에어베드앤블랙퍼스트가 수십억 달러짜리 대박 아이템이 되리라 확신하진 못했지만 마냥 엉터리라고 생각하지는 않았다.

현재 세이벨은 두 개의 회사를 성공적으로 매각한 유능한 창업 어드바이저로 활동하고 있다. 그는 동업자들과 함께 '트위치Twitch'라는 회사를 아마존Amazon에 9억 7000만 달러에 매각했고, 동영상 애플리케이션인 '소셜캠Socialcam'을 오토데스크Autodesk에 6000만 달러에 팔았다. 하지만 당시의 그는 이제 겨우 CEO가 된 탓에 충분한 경험을 해보지 못한 상태였다. 게다가 체스키와 게비아는 그에게 조언을 구한 첫 번째 창업자들이었다.

그는 궁리 끝에 사업가이자 벤처 캐피탈리스트인 폴 그레이엄 Paul Graham이 운영하는 스타트업 육성 프로그램 '와이 콤비네이터Y combinator'를 활용해보라고 추천했다. 더불어 조금 더 분명한 사업을 시작하려 한다면 '엔젤' 몇 명을 소개해줄 수 있다고도 말했다. 당시에 체스키는 그의 말을 전혀 이해하지 못했다.

"'맙소사, 이 친구들은 천사를 믿는구나. 도대체 뭐지?'라고 생각했어요."

세이벨은 '엔젤'이란 '엔젤 투자자(기술력은 있으나 창업을 위한 자금이 부족한 초기 단계의 벤처 기업에 투자 자금을 제공하는 개인)'를 의미하고, 그들은 저녁 식사를 하는 와중에도 2만 달러짜리 수표를 끊어줄 수 있는 엄청난 사람들이라고 설명했다. 그러면서 "물론 그들에게 슬라이드 데크Slide deck(발표자료)로 설득을 해야겠지요"라고 덧붙였다. 역시나 체스키는 '슬라이드 데크'가 무슨 말인지 이해할 수 없었지만, 그럼에도 세이벨의 말을 잘 들어둬야겠다고 생각했다.

사우스바이 페스티벌이 끝나고 애써 만든 웹사이트가 별다른 반응을 얻지 못한 채 세 창업자들은 샌프란시스코로 돌아왔다. 그들은 낙담했지만 더 좋은 기회가 기다리고 있다고 굳게 믿었다. 그해에는 대통령 선거가 있었고, 8월에는 민주당이 덴버에서 전당대회를 열기로 예정돼 있었다. 그들은 다시 시도하려고 마음먹었다. 하지만 처음부터 조심스러웠던 블레차르지크가 노골적으로 회의적인 모습을 드러냈다. 그는 페이스북을 매체로 한 소셜 광고 네트워크 사업에 훨씬 더 흥미를 느끼고 있었다. 에어베드앤블랙퍼스트를 좋아했지만 사우스바이에서의 결과를 매우 진지하게 받아들였고, 조금 더 나은 전략을 세우기 전까지는 완전히 개입하기를 원치 않았다.

"체스키와 게비아는 계속 앞으로 나아가길 원했지만, 저는 서비스를 더 좋게 만들고 더 높은 성과를 달성하는 방법을 알아내기 전까지 크게 망설였습니다."

그래서 이후 몇 달 동안은 체스키와 게비아가 아이디어를 다듬고, 매주 세이벨로부터 피드백과 조언을 들었다. 그동안 블레차르지크는 자신의 스타트업 운영에 대부분의 시간을 쏟았다. 게비아는 그때 세이벨에게서 들었던 조언을 이렇게 기억한다.

"세이벨은 우리를 계속 붙잡아주었습니다. 우리가 궤도를 이탈할 때마다 이런 식으로 말하더군요. '친구들, 지금 뭐하는 건가요? 원래대로 돌아와요'라고요."

그래서 두 사람은 세이벨을 가리켜 '갓파운더Godfounder(대부라는 단어인 Godfather를 빗댄 말로, 창업과 관련해 가르침을 주는 사람이라는 뜻)'라고 불렀다.

하지만 블레차르지크의 전적인 동참 없이는 세이벨의 조언 대부분을 실행에 옮길 수 없었다. 체스키와 게비아는 블레차르지크가 아직 자신들과 한 배에 타지 않았다는 사실을 세이벨에게 털어놓을 수도 없었다. 투자자들이 엔지니어가 없는 스타트업에게 기회를 줄 리가 만무했기 때문이었다.

그러던 중 그해 5월에 블레차르지크는 폭탄 선언을 발표했다. 보스턴으로 돌아가 의대에 다니는 여자친구(지금의 아내)와 함께 지내겠다는 말이었다.

"체스키와 게비아는 너무 놀랐을 거예요. '팀이 깨진다'는 말과 같았으니까요."

그럼에도 두 사람은 자신들의 비전을 계속 다듬고 세이벨로부터 피드백을 받으며 블레차르지크를 설득했다. 바로 이때가 에어베드앤블랙퍼스트의 새롭고 원대한 비전을 확고히 수립했던 결정적 시간이었다(이때 수립된 비전은 에어비앤비의 현재 비전과 본질적으로 동일하다). 그러나 이 모든 것을 이루기 위해서는 고객들이 사이트 안에서 모든 거래를 처리할 수 있도록 정교한 대금 지불 시스템이 있어야 했고, 전체적으로 더 강력한 웹사이트를 구축해야 했다.

사실 이는 더욱 야심만만한 비전이자 해야 할 일이 엄청나게 늘어난다는 것을 의미했지만, 블레차르지크가 원하는 바이기도 했다. 그는 고민 끝에 광고 사업을 포기하기로 결심했는데, 기술적인 전문성보다는 비즈니스 콘셉트가 더 필요하다는 것을 깨달았기 때문이었다. 게다가 그에게는 사업을 함께할 동업자가 없었다. 그래서 그는 에어베드앤블랙퍼스트에 다시 매진했고, 보스턴에 머물면서 이 일에 전념하겠다고 동의했다.

그러던 중 체스키와 게비아는 세이벨이 언급했던 '엔젤'들과 미팅을 갖기 시작했다. 이때 그들은 체스키를 CEO로 내세우기로 결정했다.

"CEO를 누구로 결정하는지는 별로 중요한 문제가 아니었어요. 그냥 우리 중 아무나 하면 됐죠. 저는 게비아나 블레차르지크만큼 많은 걸 알지 못했어요. 그래서 쓸모 있는 사람이 되기 위해 항상 노력했고, 그런 노력이 회사를 설립하는 데까지 이어졌죠."

그들은 발표자료를 준비했고 투자자들을 설득하기 위해 애썼다. 하지만 돌아온 것은 전부 거절의 메시지였다. 게다가 세이벨이 연결해준 일곱 명의 투자자들은 대부분 응답조차 하지 않았다. 그들이 보기에 여행은 그다지 잠재력 있는 사업 분야가 아니었다.

브라이언, 만나서 반가웠어요. 흥미로운 아이디어지만 우리가 해야 할 일이 아니고 관심 분야도 아니네요. 행운이 있기를 기원합니다.

아쉽게도 당신의 아이디어는 투자라는 관점에서 볼 때 적합한 기회라고 생각되지 않습니다. 시장의 잠재적 기회가 충분히 크게 느껴지지 않군요.

브라이언, 저는 목요일까지 외부에 있어서 전화를 받지 못합니다.

여러분이 지금껏 만든 프로젝트가 무척 흥미롭지만 이것 말고도 우리가 현재 집중하고 있는 다른 프로젝트가 많아 지금은 투자를 진행하기가 어렵습니다.

브라이언, 우리는 어제 이 프로젝트를 진행하지 않기로 결정했습니다. 여행업을 관심 분야로 설정해야 하는지 고심했고, 여행업이 최고의 전자상거래 분야 중 하나임을 인정하지만 그렇기 때문에 이것이 특별한 아이디어인지 공감하기 어렵습니다.

체스키와 게비아가 가진 몇 건 안 되는 미팅의 결과는 하나같이 절망 그 자체였다. 투자자들은 개인적인 공간을 낯선 사람에게 빌려준다는 아이디어가 정말로 괴기하고 위험하다고 생각했다. 또 그들은 체스키와 게비아가 디자인스쿨 출신이라 기술적인 능력이 부족하다는 점을 핑계 삼아 거절을 반복했다(당시 투자자들은 기술자들이 설립한 구글과 같은 차세대 스타 기업을 찾고 있었다). 한번은 이런 일도 있었다. 팔로알토에 있는 대학교 카페에서 만난 모 투자자는 미팅을 하다가 중간에 아무 말도 없이 일어서더니 반쯤 마신 스무디를 남겨놓고 나가버리기도 했다. 체스키와 게비아는 그 스무디를 사진으로 찍어 남겨두고 있다.

당시 두 사람은 회사의 가치를 150만 달러라 생각하고 회사 지분의 10퍼센트를 15만 달러에 인수할 투자자를 찾고 있었다. 만약 그때 15만 달러어치의 주식을 인수했다면 지금은 수십억 달러의 가치가 됐을 것이다. 하지만 그때는 마치 만지기조차 꺼려지는 '방사능 물질'과 같은 아이디어로 취급받았다. 체스키는 "아무도 건드리려고 하지 않았어요"라는 말로 당시를 회상했다.

■ ■ 다시 출발점으로 돌아가다

그럼에도 세 창업자들은 의연하게 사업 아이디어를 다듬어나갔다. 덴버에서 열릴 민주당 전당대회가 다가오자 대금 지불 시스템을 정교하게 수정했고, 새로이 리뷰 시스템을 추가했으며, "현지인의 집에 머물면서 여행을 즐기세요!"라는 새로운 마케팅 슬로건을 내걸었다. 점점 민주당 전당대회를 향한 열기가 고조됐고, 버락 오바마가 후보로 지명되면서 언론은 미친 듯이 뉴스를 쏟아내기 시작했다. 전당대회 운영자들은 오바마의 후보 수락 연설 장소를 8만 명까지 수용이 가능한 덴버의 풋볼 구장인 인베스코필드로 지정했다. 지역 신문들은 일제히 덴버 시에 호텔 객실 수가 2만 7000개밖에 되지 않아서 심각한 객실 부족 사태가 우려된다는 기사를 써냈다. 체스키는 이후 '어번 랜드 인스티튜트Urban Land Institute(도시 계획과 환경을 연구하고 교육하는 비영리단체)'에서 강연을 할 때 이렇게 말했다.

"그러한 언론의 우려들이 우리에게는 완벽한 기회였습니다."

이 사건이 바로 에어베드앤블랙퍼스트의 전환점이 될 수 있었던 계기가 됐다.

체스키와 게비아, 블레차르지크는 전당대회가 열리기 몇 주 전인 2008년 8월 11일, 세 번째로 그들의 사이트를 론칭했다. 끈질긴 부탁을 통해 유명 기술 블로그인 '테크크런치TechCrunch'에 간신히 홍보글을 올릴 수 있었고, "에어베드앤블랙퍼스트는 숙박을 완전히 새로운 수준으로 끌어올렸다"라는 광고를 내걸었다. 이 글로 그들은 인지도를 높이는 데에 성공했고, 접속이 쇄도해 사이트가 다운될 지경이었다. 그날 체스키와 게비아는 공교롭게도 엔젤 투자자인 마이크 메이플스Mike Maples와 두 번째로 만났는데, 발표자료를 생략하고 직접 사이트를 보여줄 요량이었다. 하지만 그를 만나 사이트를 켜고 나서야 다운이 됐다는 사실을 알게 됐고, 결국 아무것도 논의할 수 없었다.

"당연히 발표자료는 준비하지 않았습니다. 사이트를 보여주면 된다고 생각했죠. 그런데 예상치 못한 문제가 발생했고, 우리는 서로 한 시간 동안 멀뚱멀뚱 바라보기만 했습니다."

결국 메이플스는 그들에게 투자하지 않았다.

세 창업자들은 민주당 전당대회가 임박했을 무렵 또 다른 문제에 봉착했다. 접속자 수는 많았으나 그 누구도 자신의 집을 선뜻 리스트에 올리기를 원하지 않던 것이다. 올려놓은 집이 없는데 누가 그 사이트에 다시 오겠는가? 그들은 '많은 사람이 이용할수록 더 많은 가치를 창출하고 더 많은 사람을 끌어들인다'는 '네트워크 효과'를 불러일으키기는커녕, 땅에서 발을 떼기도 불가능했다. 시험적으로 사이트를 확장해보니, 사람들은 자신의 집을 빌려주는 것에 대해 꺼려하거나, 혹은 이상하게 보이는 사회적 실험에 참여하도록 강요받는다고 생각한다는 것을 깨닫게 됐다.

다만 체스키에게는 비장의 무기가 있었다. 그는 스타트업의 CEO가 가져야 할 기본적인 역량은 부족했을지언정 언론을 이용하는 데에는 직감적인 능력을 갖추고 있었다. 그는 정치 뉴스 매체가 항상 참신한 뉴스거리에 목말라 한다는 점을 간파했다. 그 점에 착안하여 창의적인 방법을 생각해냈는데, 블로그가 작을수록 주목받을 가능성이 더 크다는 가정 하에 지역의 작은 블로거들을 섭외하여 사업을 전파했다. 실제로 그들은 블로그에 소식을 올리도록 하여 도미노 효과를 야기시켰다. 큰 블로거가 작은 블로거의 글을 인용하여 게재하면《덴버포스트Denver Post》와 같은 지역 신문들이 관심을 갖게 된다는 점 때문이었다. 그들은 결국 지역 방송국으로부터 취재 요청을 받아냈고, 점점 널리 알려져《폴리티코Politico》,《뉴욕데일리뉴스New York Daily News》,《뉴욕타임스New York Times》등 전국적인 매체들에 의해 소개됐다.

체스키의 언론 홍보 전략은 정확히 들어맞았고 드디어 무언가가 꿈틀대기 시작했다. 800여 명의 사람들이 리스트에 집을 올렸고, 80여 명의 게스트가 예약을 요청해왔다. 하지만 살얼음판을 걷는 듯한 상황은 여전했다. 당시에 세 창업자들은 모든 대금 지불 시스템으로 페이팔Paypal 계정을 사용했는데, 갑작스럽게 거래가 증가하자 페이팔은 이들을 의심하고 계정을 중지시켜버렸다. 블레차르지크는 인도에 있는 페이팔 고객 서비스 담당자와 몇 시간이나 통화를 하며 사정을 설명해야 했다. 그동안 체스키와 게비아는 짜증이 난 고객들에게 조금만 기다려달라고 미친 듯이 애원했다. 결국 주말이 끝날 무렵에서야 계정은 다시 살아났다.

그러나 역시 성공은 오래가지 못했다. 서버가 다운되고, 예약이 쇄도하며, 언론에 자주 노출됐지만 전당대회가 끝나자마자 사이트의 접속량은 다시 '0'으로 뚝 떨어져버렸다.

"우리는 정치적 이벤트가 매주 열려야만 성장하고 생존할 수 있다는 걸 깨달았습니다. 우리에게는 더 이상 '환자'가 없었습니다."

그들은 그렇게 출발점으로 되돌아왔다.

■ ■ 바퀴벌레보다 강인한 생존력으로

세 사람은 호기롭게 사이트를 론칭했지만 빚만 떠안고 아무도 접속하지 않는 냉담한 현실에 직면했다. 절실했지만 아무런 선택의 여지가 없는 상황에서 그들은 전당대회 전에 생각해둔 아이디어, 즉 호스트들에게 공짜 아침 식사거리를 보내주고 그들이 게스트들에게 무료로 아침 식사를 제공하게 만든다는 아이디어를 다시 꺼내들었다. 무엇보다도 '아침 식사'는 서비스 이름의 절반이었고, 사업 콘셉트의 큰 부분이었으니까 말이다. 그들의 관심은 자연스럽게 '시리얼'에 꽂혔다. 그러고는 민주당 전당대회에 착안하여 '오바마 오즈'라는 가상의 브랜드를 만들어냈고, 시리얼박스를 디자인하여 '변화의 아침 식사!', '모든 그릇에 희망을!'이라는 슬로건을 삽입했다. 또 공화당 버전인 '캡틴 맥케인즈'도 만들어 '씹을 때마다 이단아!'라는 문구를 넣기도 했다. 이때 광고 음악 작곡가이자 초기 호스트였던 조나단 만Jonathan Mann은 시리얼박스를 위한 광고 음악을 만들어주기도 했다.

> *세상에, 오바마 오즈예요!*
>
> *엄마 제가 좀 먹어도 될까요?*
>
> *엄마가 알아야 할 진짜 끝내주는 시리얼이 있어요*
>
> *모든 사람이 오바마 오즈를 말하고 다녀요*
>
> *한입만 먹어보면 아실 거예요*
>
> *모든 알맹이가*
>
> *"그래요, 우리는 할 수 있어요!"라고 노래 부르니까요*
>
> *세상에, 오바마 오즈예요!*
>
> *엄마 제가 좀 먹어도 될까요?*

전당대회 후 부엌 테이블에 앉은 체스키와 게비아는 시리얼박스라는 아이디어에 점차 재미를 느끼기 시작했다. 1만 개의 시리얼박스를 생산해 개당 2달러에 판다면 추정컨대 회사에 필요한 자금을 확보할 수 있었다. 당시 그들은 2만 달러의 빚을 돌려 막기 위해 여러 장의 신용카드를 바인더에 가득 꽂아놓아야 할 지경이었다. 블레차르지크는 처음 이 아이디어를 들었을 때 두 사람이 자신에게 장난을 치는 것이라고 생각했다. 그는 체스키와 게비아에게 정 하고 싶다면 해보라고 말하고는 자신은 개입하지 않겠다고 선언했다. 그리고 그 일에는 일절 돈을 쓰지 않겠다는 약속을 받아냈다.

"우리는 각자 거의 1년 동안 아무런 일거리가 없었으니까요. 그건 어디까지나 두 사람의 아이디어였습니다."

그렇게 체스키와 게비아는 그들이 가장 잘하는 것, 즉 '창의적이고 괴기한 아이디어'로 잠시 후퇴했다. 인쇄소를 운영하는 디자인스쿨 동문에게 박스 인쇄를 부탁했는데, 그는 박스 1만 개를 만들어주겠다는 말 대신 판매 배당액을 주면 두 가지 박스를 각각 500개씩 공짜로 인쇄해주겠다고 말했다. 그렇게 작은 생산량으로는 큰 수익을 도모하기 어려웠지만, 그들은 '한정판'이라는 개념을 덧씌우기로 마음먹었다. 박스에 번호를 붙여 '수집가용 에디션'이라는 이름을 내세우고는 박스 하나당 가격을 50달러로 책정했다.

이후 그들은 가장 싼 시리얼을 판매하는 곳을 알아내기 위해 샌프란시스코에 위치한 슈퍼마켓을 모조리 뒤졌고, 인쇄된 1000개의 박스를 게비아의 빨간색 지프에 실어 집으로 날랐다. 그러고는 부엌에 앉아 납작한 박스를 일일이 손으로 접어 모양을 만든 다음 글루건으로 고정시켰다. '주커버그가 페이스북을 론칭하기 위해 시리얼박스를 접고 글루건에 손을 데이진 않았겠지……'라는 서글픈 생각도 들었지만 그럼에도 달리 방도가 없었다.

박스 조립에는 점차 속도가 붙었고 그들은 결국 1000개의 박스를 모두 만들어냈다. 그러고는 쓰러져가는 회사를 되살리기 위해 최후의 방편을 꺼내들었다. 바로 언론에 박스를 마구 뿌리기로 한 것이었다. 당시 정치 담당 기자들은 얼떨떨해하며 이 소식에 관심을 보였다. 하지만 이성적으로 판단하는 기자들의 성격상 그들에게 시리얼박스를 보내달라고 요청할 가능성은 그다지 높지 않았다. 그래도 몇몇 기자들이 시리얼박스를 받아 책상이나 책꽂이에 올려둔다면 다른 기자들이 관심을 갖게 될 터였다. 이러한 술책이 통했는지 언론은 순식간에 시리얼을 '먹어치웠고', 많은 박스가 이곳저곳으로 팔려나가기 시작했다. 오바마 오즈는 3일 만에 매진됐고, 사람들은 이베이나 크레이그리스트에 한 박스당 350달러를 받고 되팔기 시작했다(캡틴 맥케인즈는 결국 매진되지 못했다).

두 사람은 시리얼박스로 빚을 갚을 수 있었지만, 여전히 주력 비즈니스에서는 한 걸음도 앞으로 나아가지 못했다. 어떻게 하면 사이트로 많은 사람을 끌어들일 수 있을지 방법을 떠올리지 못했다(당시 체스키의 어머니는 아들에게 전화를 걸어 "그러니까 이젠 시리얼 회사를 차린 거니?"라고 물었다). 그들은 핵심 비즈니스로는 5000달러도 벌지 못했지만 시리얼 판매로는 2~3만 달러를 벌었다. 처음부터 시리얼 사업에 회의적이었던 블레차르지크는 이제 할 만큼 했으니 더 이상은 함께할 수 없다고 선언했다. 보스턴으로 돌아간 그는 컨설팅 사업을 재개했고 여자친구와 약혼했다.

체스키와 게비아는 다시 출발점으로 돌아왔다. 돈 한 푼 없이 아파트에 둘만 덩그러니 남았다. 체스키는 그해에 몸무게가 약 10킬로그램이나 빠졌다. 돈도 없고 먹을 음식도 떨어진 나머지 두 사람은 몇 달 동안 남아 있던 캡틴 맥케인즈를 주식으로 먹었다. 우유조차 사치였다. 하지만 그렇게 힘든 시기였음에도 체스키는 계속 사업 전략을 구상했다.

"걱정이 된 어머니는 적어도 우유는 사 먹어야 하지 않겠냐고 말씀하셨어요. 그렇지만 저는 확신이 있었죠. '아니에요. 저희는 어려운 고비를 넘는 중이에요. 언젠가는 지금이 좋았다고 말할 때가 올 거예요!'라고 대답했으니까요."

2008년 11월 어느 날 밤, 체스키와 게비아는 세이벨과 저녁 식사를 함께했다. 세이벨은 그들에게 와이 콤비네이터에 지원해보는 것이 어떻겠냐고 제안했다. 당시 체스키는 그 제안을 매우 불쾌하게 받아들였다. 와이 콤비네이터는 아직 론칭도 하지 못한 신생 기업들을 대상으로 했다. 에어베드앤블랙퍼스트는 이미 론칭도 했고 적지만 고객도 보유하고 있지 않은가! 게다가 테크크런치에도 소개된 이력도 있었다. 하지만 세이벨은 그들이 차마 입 밖으로 꺼내지 못한, 가슴속 깊이 숨겨둔 진실을 이야기했다.

"당신들을 좀 보라고요. 당신들은 죽어가고 있어요! 와이 콤비네이터에 지원하세요. 그리고 도움을 받으세요."

이미 신청 마감일은 지났지만, 세이벨은 그레이엄에게 메시지를 보내주었다. 그레이엄은 그날 밤 안으로 지원서를 보낸다면 검토해

보겠다고 답했다. 두 사람은 새벽 1시에 잠을 자고 있던 블레차르지크에게 전화를 걸어 그의 이름을 자신들과 함께 지원서에 넣어도 될지 물었다. 잠결이라 어땠는지 기억하지는 못했지만 어쨌든 그는 동의했다. 그렇게 그들은 지원서를 접수했고 인터뷰를 진행하면서 동시에 한편으로는 블레차르지크에게 연락을 해 다시 샌프란시스코로 돌아와달라고 애원했다.

와이 콤비네이터의 지원 과정은 인정사정없기로 유명한데, 정확히 10분 동안 진행되는 인터뷰에서 그레이엄과 그의 파트너들은 속사포처럼 질문을 쏟아낸다. 게다가 아무런 프레젠테이션 자료도 허용하지 않는다. 몇 시간에 걸쳐 인터뷰를 연습한 세 창업자들은 인터뷰 장소로 향했다. 그런데 문밖을 나서던 게비아가 오바마 오즈와 캡틴 맥케인즈 박스를 집어 들더니 주섬주섬 가방에 집어넣었다. 체스키와 블레차르지크가 기겁을 하며 그를 막았다.

"제정신이야? 시리얼박스는 두고 가!"

그들은 게비아의 지프에 올라타고 와이 콤비네이터의 본사가 위치한 캘리포니아 마운틴뷰로 차를 몰았다.

결과적으로 인터뷰는 원활하게 진행되지 못했다. 세 창업자들이 사업 아이디어를 설명한 후 그레이엄의 첫 번째 질문이 이어졌다.

"사람들이 실제로 그렇게 하던가요? 왜 그렇죠? 그들에게 뭔가 문제가 있는 건 아닌가요?"

시장과 고객을 잘 파악하고 있다는 점에 대해서는 인정을 받았지만, 아이디어 자체를 일축당하는 것 같은 느낌이었다. 그렇게 자리를 뜨려고 짐을 챙기는데, 갑자기 게비아가 가방에서 시리얼박스를 꺼내 들었다. 블레차르지크가 그렇게 말렸는데도 몰래 가져 왔던 것이었다. 그는 그레이엄과 파트너들이 이야기를 나누는 곳으로 다가가 박스 하나를 건넸다. 그레이엄은 퉁명스럽게 고맙다고 말했다. 그는 특이한 기념품을 선물로 주려고 이들이 시리얼박스를 가지고 온 거라 생각했다. 그때 체스키가 이렇게 말했다.

"기념품은 아니고요. 저희가 이 시리얼박스를 만들어서 팔았습니다. 시리얼박스는 회사의 자금을 모으기 위한 수단이었습니다."

세 창업자들은 그레이엄에게 오바마 오즈를 둘러싼 이야기를 들려주었다. 그레이엄은 의자에 편히 앉아 그들의 이야기를 경청했다. 그러고는 이렇게 말했다.

"와우! 당신들은 정말 바퀴벌레 같군요. 절대 죽지 않을 겁니다."

그레이엄은 합격할 경우 가능한 한 빨리 전화로 알려줄 테니 기대해보라고 말했다. 그레이엄의 전화를 받으면 그 자리에서 즉시 와이콤비네이터와 함께할지를 결정해야 했고, 만약 그렇지 않으면 다른 사람에게 기회가 넘어가도록 되어 있었다.

우울한 마음을 안고 샌프란시스코로 돌아오는 길에서 갑자기 체스키의 휴대폰이 울렸다. 거기에는 그레이엄의 전화번호가 떠 있었다. 그는 조심스럽게 전화를 받았고 게비아와 블레차르지크는 전화기에서 들려오는 미세한 소리에 귀를 쫑긋 세웠다. 그런데 그레이엄이 "저는 당신들이⋯⋯"라고 말하는 순간 전화가 뚝 끊어지고 말았다. 그들은 통화가 잘 터지지 않는 것으로 악명 높은 실리콘밸리와 샌프란시스코 사이 280번 도로 위에 있었다.

"저는 '안 돼!'라고 소리쳤어요. 그러고는 미친 듯이 흥분했죠. 게비아와 블레차르지크에게 '얼른 밟아! 달려!'라고 다그쳤어요."

그들은 통화 신호를 잡기 위해 엄청난 속도로 도로를 달렸고, 다행히 샌프란시스코에 진입했을 때 그레이엄이 다시 전화를 걸어왔다. 그레이엄은 단도직입적으로 합격을 받아들일지 말지를 즉시 결정하라고 말했다. 체스키는 두 사람의 의견을 확인해보는 척하며 잠깐 기다려달라고 부탁했다. 사실 그들에게는 선택의 여지가 없었다. 떨리는 가슴을 안고 체스키는 심호흡을 한 뒤 합격을 수용하겠다고 말했다. 나중에 그레이엄은 그들이 합격한 진짜 이유가 '시리얼박스' 때문이라고 밝혔다.

"그들이 5달러짜리 시리얼을 40달러에 사도록 사람들을 설득할 수 있다면, 다른 사람의 집에 들어가 에어베드 위에서도 잠을 자도록 설득할 수 있을 거라 판단했습니다."

이로써 세 창업자들은 와이 콤비네이터에 들어가면서 초기 사업 자금으로 2만 달러를 받았고, 대신 회사 지분의 6퍼센트를 내주었다. 총 3개월간의 지원이 시작됐고, 2009년 1월 6일 화요일 저녁에는 환영 만찬에 초대받았다. 오랜 설득 끝에 블레차르지크는 3개월 동안 샌프란시스코에 머물기로 최종 결정을 하고는 로쉬 가의 아파트로 이사를 마쳤다. 그들은 그렇게 다시 뭉쳤다. 그리고 또 한 번의 거대한 기회 앞에 몸을 내던질 준비를 했다.

■ ■ 고객이 있는 곳에 해답이 있다

그레이엄과 세 명의 파트너가 2005년에 설립한 와이 콤비네이터는 실리콘밸리에서 가장 권위 있는 스타트업 '발사대'로 빠르게 자리 잡았다. 《포춘》은 와이 콤비네이터를 "스타트업 공장 같기도 하고, 대학교 같기도 하며, 벤처 캐피탈 회사 같기도 한 것들이 하나로 결합된 곳"이라고 평가했다. 들어가는 과정이 쉽지 않은 만큼 스타트업들은 기본적으로 5000달러의 초기 사업 자금에 창업자당 5000달러의 추가 자금을 지원받고, 값을 매길 수 없는 지식과 인맥, 운영 지원 등 많은 혜택을 제공받는다. 와이 콤비네이터는 자신들의 전문성뿐만 아니라 영향력 있는 동문과 조언자들, 투자자들의 네트워크를 통해 회사 설립 및 법률 자문, 인재 채용, 사업 계획 수립, 기업 매각, 창업자들 간의 분쟁 조정 등 모든 것에 대한 실질적인 가이드를 제공한다. 그곳은 완벽한 스타트업 학교이기도 해서 리더들이 마련한 저녁 식사 자리나 연설 등 매우 수준 높은 지원을 제공하는 것으로도 잘 알려져 있다. '사람들이 원하는 것을 만들자!'라는 와이 콤비네이터의 모토는 지메일Gmail의 최초 개발자이자 와이 콤비네이터의 파트너인 폴 북하이트Paul Buchheit가 내세운 것으로, 전통적인 MBA의 지혜와는 배치되는 기본 원칙 중 하나다. 체스키는 로드아일랜드 디자인스쿨을 졸업했지만 연설이나 인터뷰를 할 때는 와이 콤비네이터를 졸업했다고 말할 정도로 그들의 시스템의 막대한 영향을 받았다.

체스키와 게비아, 블레차르지크는 3개월 동안 자신들의 모든 시간과 노력을 바치기로 '협정'을 맺었다. 아무도 다른 프로젝트에 눈을 돌리지 않았다. 주말도 없이 매일 아침 8시에 일어나 한밤중이 될 때까지 이 프로젝트에만 열중했다. 그러고 난 후 끝내 투자를 받지 못하면 각자의 길을 가기로 약속했다. 그레이엄과의 오리엔테이션이 끝난 뒤 세 사람은 그가 보여준 하키 스틱 모양의 매출 상승 곡선을 화장실 거울에 붙여뒀다. 아침에 일어나서 가장 먼저 보고, 잠자리에 들기 전 가장 마지막으로 보기 위해서였다. 그들은 매출 상승 곡선을 매주 업데이트했다.

배워야 할 양은 한도 끝도 없었지만 세 사람은 모든 것을 흡수하기 위해 최선을 다했다. 초기에 그레이엄은 그들에게 두 가지 중요한 교훈을 가르쳐줬다. 먼저 그들에게 고객이 얼마나 되냐고 물었는데, 있어봤자 겨우 100명뿐이라고 대답했다. 그레이엄은 걱정할 필요가 없다고 조언했다. '서비스가 괜찮다'고 여기는 고객이 100만 명 있는 것보다 '서비스를 사랑하는' 100명의 고객이 있는 게 훨씬 더 낫다는 뜻이었다. 이게 바로 그가 알려준 첫 번째 교훈이었고, 이는 규모와 성장을 그 무엇보다도 우선시하는 전통적인 실리콘밸리의 지혜에 위배되는 일종의 '교리'였다. 세 사람은 이 말을 새겨들었고 희망을 가질 수 있었다. 다시 그레이엄이 물었다.

"그렇다면 그들은 정확히 어디에 있나요?"

세 사람은 사용자들이 주로 뉴욕에 거주하고 있다고 대답했다.

잠시 침묵하던 그레이엄은 이렇게 말했다.

"지금 당신들은 마운틴뷰에 있고 사용자들은 뉴욕에 있는 거군요. 그럼 여기에서 뭘 하고 있는 거죠?"

그레이엄이 소리쳤다.

"뉴욕으로 가요! 얼른 고객이 있는 곳으로 가라고요!"

그리하여 세 창업자들은 사용자들이 있는 곳으로 가기로 결심했다. 3개월 동안 체스키와 게비아는 주말마다 뉴욕으로 날아갔다. 블레차르지크가 마운틴뷰에 남아 프로그래밍에 열중하는 동안 두 사람은 눈이 수북이 쌓인 길을 걸으며 모든 사용자를 가가호호 방문해 이야기를 나누고 그들의 집에서 숙박을 해결했다. 두 사람은 고객과의 이야기를 통해, 그리고 직접 온라인으로 숙박을 예약하고 고객의 집을 찾아가면서 책상 앞에서는 결코 배울 수 없었던 가르침을 얻었다. 특히 그들은 가장 핵심이 되는 두 가지 고충을 발견했다. 먼저 사람들은 자신의 공간을 얼마의 가격으로 임대해야 하는지를 어려워했다. 특히 사진 촬영은 아주 큰 골칫거리였다. 사용자들은 공간이 멋지게 나오도록 사진을 잘 찍지 못했고, 2009년 당시에는 사진을 어떻게 사이트에 업로드하는지조차 정확히 알지 못했다. 그래서인지 사이트에 올라온 집들은 매력도 없고 거무죽죽한 모습이었다. 세 창업자들은 호스트의 집에 전문 사진사를 보내 사진을 찍어주는 서비스를 무료로 제공하기로 결정했다. 하지만 돈이 없었기 때문에 체스키가 친구에게 카메라를 빌려 직접 사진사 노릇을 하기도 했다. 전날에는 CEO로서 방문했던 그가 똑같은 집에 사진사로 다시 찾아가는 일도 빈번했다.

또 체스키는 '1인 결제 시스템' 역할을 하기도 했다. 그는 종종 가방에서 수표책 원장을 꺼내 호스트들에게 개인 수표를 발행해줬다. 게비아는 고객으로부터 서비스 요청 전화가 오면 자신의 휴대폰에 연결시켜 일일이 응대를 했다. 그들은 모든 집을 찾아가 호스트와 미팅을 했고, 기회가 생길 때마다 언제든 사람들에게 다가가 이 새롭고 놀라운 서비스를 이용하면 아파트로 돈을 벌 수 있다고 설명하고는 회원으로 가입을 시켰다. 또 매주 고객의 피드백을 정리해 블레차르지크에게 전달한 뒤 사이트를 변경하고 개선해나갔다.

동시에 그들은 소수의 사용자들이 모여 있는 워싱턴으로 가서 또 하나의 빅 이벤트인 오바마 대통령의 취임식과 관련한 서비스의 론칭을 서둘렀다. 웹사이트의 이름을 '크래쉬더인오규레이션crash the inauguration'이라 짓고, 덴버에서 열렸던 민주당 전당대회 때 유용하게 써먹었던 언론 홍보 전략을 구사했다. 또한 호스트들을 방문하여 숙소 리스트를 올리도록 설득했고 그들에게 공동체적 삶에 대한 기본적인 동경을 일깨워주기 위해 새로운 '마이크로 타깃' 방식의 마케팅을 펼쳤다. 결과적으로 그들은 워싱턴에서 약 700개의 숙소를 확보했고 150여 건의 예약을 접수했다.

무엇보다도 이러한 경험은 자신들의 사업을 면밀히 돌아보게 되는 계기가 됐다. 본래 에어베드앤블랙퍼스트의 호스트 자격을 얻으려면 일반 침대가 있다고 해도 반드시 '에어 매트리스'만 빌려줘야 한다는 규칙을 지켜야 했다(체스키는 에어 매트리스가 터져서 일반 침대를 빌려줘도 되냐는 호스트의 말을 기억했는데, 그는 일반 침대 위에 터진 에어 매트리스를 깔고 나서야 호스트의 자격을 얻었다). 또 공연 여행을 떠나기로 예정돼 있던 어느 음악가는 자신의 아파트 전체를 빌려줘도 되는지를 문의했지만 그들은 수락하지 않았다. 만약 그 사람이 집에 없다면 어떻게 아침 식사를 차려줄 수 있겠냐는 것이 거절의 이유였다. 하지만 이러한 문의가 에어베드앤블랙퍼스트의 사업을 완전히 뒤바꿔놓는 계기가 됐다. 그의 요청 덕분에 세 창업자들은 자신들의 사업이 훨씬 더 큰 잠재력과 가능성을 지니고 있음을 깨달았다. 그들은 과감하게 아침 식사 제공 요건을 삭제했고, 집 전체를 빌려줘도 괜찮다는 옵션을 추가했다. 그레이엄 역시 초기 비즈니스 모델의 한계를 지적하며 시장 잠재력을 확장하기 위해서는 '에어베드'라는 단어를 이름에서 빼야 한다고 주장했다. 그로써 그들은 '에어반비 Airbanb'라는 이름의 도메인을 구입했다. 그런데 언뜻 보면 '에어밴드 Airband' 같아 보여서, 대신 '에어비앤비 Airbnb'라는 이름으로 최종 결정을 내렸다.

뉴욕을 오가던 중 그들은 존경받는 벤처 캐피탈리스트이자 '유니온 스퀘어 벤처스 Union Square Ventures'의 공동 창업자인 프레드 윌슨 Fred Wilson을 만나기도 했다. 그레이엄은 "에어비앤비의 잠재력을 알아볼 투자자는 일찍이 수많은 '웹 2.0 스타트업'에 투자했던 윌슨일 것이다"라고 말하기도 했다. 하지만 미팅을 마친 윌슨은 그들의 아이디어를 무시해버렸다. 그와 그의 파트너들은 세 창업자들을 좋아했지만, 막대한 잠재력을 지닌 아이디어라고는 생각하지 않았다.

와이 콤비네이터의 모범적인 학생이었던 체스키와 게비아는 매주 마운틴뷰로 돌아와 가능한 한 모든 것을 배우기 위해 노력했다. 그들은 비행기에서 내려 곧장 트렁크 가방을 끌고 올 만큼 와이 콤비네이터가 주최하는 모든 행사에 1등으로 도착했다.

"우리는 그레이엄과 매주 공식적인 미팅을 가졌어요. 설령 그가 미팅할 시간이 없다고 해도 말이죠. 우리는 다른 사람들보다 먼저 도착했고 다른 사람들이 모두 떠난 후에도 남아 있었습니다."

그레이엄 역시 체스키의 말에 동의했다.

"저는 지독하게도 그들과 많은 이야기를 나눴습니다."

그레이엄은 흥미롭게도 육성 프로그램을 거쳐간 수많은 스타트업이 한 가지 공통된 패턴을 보인다고 언급했다. 크게 성공한 기업을 보면 언제나 열정적으로 참여한 창업자가 있었다고 말이다. 그러고는 이렇게 말했다.

"성공적인 아이디어 덕분에 성장한 기업은 많지 않습니다. 성공한 기업들을 보면 과거에는 늘 형편없었으니까요."

데모데이Demoday(3~4개월간의 지원 프로그램이 끝난 뒤 투자자를 상대로 사업 아이디어를 발표하는 행사)가 다가오면서 세 창업자들은 그레이엄이 '희망의 꿈틀거림'이라고 부르는, 이른바 성과가 견인되는 신호를 얻기 시작했다. 예약 건수가 증가하기 시작해 매일 20건에 근접했다. 그들은 뉴욕에서 사용자들과 가졌던 게릴라 마케팅과 회의가 효과를 발휘했음을 직감적으로 알 수 있었다. 예약 건수의 증가와 함께 수수료가 입금되기 시작했다. 몇 주 후부터는 수익을 차츰 달성하기 시작했고, 화장실 거울에 붙여놓고 3개월간 매일 꿈꿨던 '일주일에 매출 1000달러'라는 목표를 이뤄냈다. 그들은 로쉬 가 아파트의 지붕 위에서 샴페인 잔을 부딪히며 자축했다.

■ ■ 마침내 '에어비앤비'라는 로켓을 발사하다

매출이라는 산을 넘은 그들 앞에는 또 하나의 커다란 산이 기다리고 있었다. 바로 '투자 유치'였다. 투자자들은 종종 와이 콤비네이터를 방문해 무엇이 만들어지고 있는지를 확인했다. 2009년 4월의 어느 날, 구글과 애플, 오라클Oracle 등에 투자했던 벤처 캐피탈 회사 세콰이아Sequoia의 파트너인 그렉 맥아두Greg McAdoo가 와이 콤비네이터를 방문했다. 경제 상황이 어려울 때일수록 투자의 적기라고 생각했던 맥아두는 그레이엄에게 "이런 불황기에는 어떤 창업자들이 사업을 '발사'할 수 있나요?"라고 물었다. 그레이엄은 '지적인 강인함을 지닌 창업자들'이라고 대답했다. 다시 맥아두는 현재 입주 중인 창업자들 중에 누가 그런 기질을 보이는지 물었다. 그레이엄은 집을 임대하는 독특한 아이디어를 가진 세 명의 재미난 창업팀이 있다며 한번 만나볼 것을 제안했다. 나중에 알고 보니 맥아두는 1년 반 동안 '휴가Vacation와 숙박Rental 산업'을 깊이 연구한 적이 있어서 이미 그쪽 분야로는 많은 정보를 갖고 있었다. 그는 당장 세 창업자들을 만나게 해달라고 부탁했다.

맥아두는 긴 벤치 위에 노트북 한 대를 놓고 옹기종기 앉아 있던 체스키와 게비아, 블레차르지크를 만났다. 이야기에 열중하던 그들에게 다가가 "휴가와 숙박 산업이 400억 달러의 규모라는 사실을 알고 있나요?"라고 물었다. 그때만 해도 세 창업자들은 '휴가'와 '숙박'이라는 단어가 자신들의 사업을 지칭한다는 것을 이해하지 못했다. 첫 대화를 시작으로 맥아두와 세 창업자들은 여러 차례 만나 사업에 관한 이야기를 나눴다.

"많은 투자자로부터 그 자리에서 거부당했던 일이 다반사였는데, 이제 와서 벤처 캐피탈 업계에서 가장 권위 있는 회사가 우리에게 관심을 갖는다니 믿을 수 없었습니다."

맥아두는 호스트와 게스트 간의 신뢰 문제를 해결하기 위해 소셜 메커니즘을 설계하는 방식뿐만 아니라, 호스트와 게스트가 함께 커뮤니티를 구성한다는 그들의 철학에 깊은 인상을 받았다.

"이런 콘셉트는 전통적인 숙박 산업에서는 지금껏 무시당해온 프로세스였습니다. 그들이라면 호스트와 게스트를 연결할 때 발생하는 문제들을 어느 정도는 해결할 수 있겠다는 확신이 들었습니다."

몇 주 후 세 창업자들은 세콰이아로부터 58만 5000달러 상당의 투자를 받아냈다. 여기에 다른 기업으로부터 받은 3만 달러를 합쳐 투자액은 총 61만 5000달러에 달했다. 투자자들은 에어비앤비의 가치를 240만 달러로 평가했다. 이는 에어비앤비라는 로켓이 발사되는 데에 있어 가장 중요한 신호탄이었다.

"세콰이아가 우리에게 투자하던 순간 로켓은 발사됐죠."

체스키는 뒤이어 돈보다 훨씬 더 중요한 것은 '공식적인 인정'이었다고 말했다. 에어비앤비를 그토록 노골적으로 무시하고 거부했던 실리콘밸리의 투자 회사들에게 세 창업자가 날리는 커다란 '한방'이었다. 이러한 '인정'은 세 사람에게 자신감을 불어넣어줬다.

"스타트업 창업자에게 있어 가장 절실한 것은 '자신감'과 '의지'입니다. 우리는 오랫동안 형편없다는 평가를 받았죠. 하지만 그제야 열정적이라는 말을 들을 수 있었습니다."

그렇게 그들은 기회를 잡았다(세콰이아가 투자한 58만 5000달러는 이 책을 쓰는 시점에 약 45억 달러로 불어났다. 세콰이아 역시 에어비앤비라는 큰 기회를 잡은 셈이다).

그 밖에도 여러 가지 상황이 잘 풀리기 시작했다. 3개월 뒤 블레차르지크는 약혼녀가 있는 보스턴으로 돌아가야 했는데, 운 좋게도 그녀가 스탠퍼드에 있는 병원에 레지던트로 합격해 계속 스타트업에 매진할 수 있게 됐다. 또 이후 몇 개월 동안 그들이 뉴욕에서 발품을 팔며 수행했던 일들이 하나둘 성과로 이어졌다. 8월이 되자 하루에 20~30건에 불과하던 예약이 70건까지 늘어났다. 그들은 나무 위에 지은 집, 이글루, 원뿔형 텐트 등 괴이한 숙소에 관심을 갖기 시작했다. 더불어 세콰이아의 투자 덕분에 자신들에게 각각 6만 달러의 연봉을 책정할 수 있었다. 우유 없이 뻑뻑한 시리얼을 먹던 때와 비교하면 엄청난 호사가 아닐 수 없었다.

세 창업자 모두는 지금도 그때 겪었던 고군분투를 잊지 못한다. 2013년에 블레차르지크는 와이 콤비네이터에서 실시한 강연에서 이렇게 말했다.

"당신이 어떤 일에 성공했다면, 그 일은 지금껏 겪은 일 중 가장 힘든 일이었을 것입니다."

체스키 역시 요즘은 자신들의 창업 스토리를 수도 없이 말하고 다니지만, 이렇게 많이 말하고 다닐 줄은 꿈에도 알지 못했다고 한다. 그를 처음 만났을 때, 나는 그에게 자신의 인생에서 가장 힘들었던 시기가 언제였느냐고 물었다. 그는 1초의 망설임도 없이 '에어비앤비를 창업했을 때'라고 대답했다.

"이제와 돌이켜보면 재미있고 그립고 낭만이 가득했던 시절이지만, 그때는 전혀 그렇게 느껴지지 않았습니다. 정말로 두렵고 암울했던 시절이었죠."

체스키는 에어비앤비라는 아이디어가 '그리 터무니없는 소리는 아니다'라는 점을 계속해서 증명해오고 있다. 그와 게비아가 찾아낸 이 아이디어에는 사실 특별하다고 여길 만한 요소는 없다. 그는 이렇게 말한다.

"우리는 공상가가 아닙니다. 그냥 평범한 놈들이죠. 우리는 '작은 공간으로 조금의 돈이라도 벌고 싶어 하는, 우리 같은 사람이 있을 거야'라고 생각했을 뿐입니다."

하지만 에어비앤비의 초창기 어드바이저들은 그들에게 특별한 점이 많았다고 증언한다. 그중에서도 세이벨은 이런 말을 남겼다.

"사업을 하겠다고 말하는 사람은 엄청나게 많습니다. 하지만 실제로 그것을 해내는 사람들의 수는 거의 없습니다. 하지만 그들은 결국 해냈죠."

더불어 그들은 자신들의 사업에 대해서는 극단적일만큼 진지했다고 말하면서, 무언가 풀리지 않는 문제가 있으면 집으로 돌아가 밤을 새워서라도 그것을 해결하기 위해 열중했다고 말했다.

"그들은 아이디어 기획에 많은 시간을 쏟지 않았습니다. 곧바로 '론칭'을 했죠. 실행하는 힘이 대단한 팀이었습니다."

몇 년 후 그들의 아이디어를 무시했던 유니온 스퀘어 벤처스의 공동 창업자 윌슨은 자신이 에어비앤비를 알아보지 못한 실수를 저질렀다며 블로그에 '자책의 글'을 올리기도 했다.

"우리는 모든 투자자가 저지르는 고전적인 실수를 범했다. 우리는 당시에 그들이 하던 일에만 지나치게 초점을 맞췄다. 그들이 할 수 있는 것들, 할 것들, 해낸 것들에는 별로 관심을 두지 못했다."

윌슨의 회사는 과거의 실수를 반복하지 않고 매일 상기시키기 위해 오바마 오즈 박스 하나를 회의실에 전시해두고 있다.

제2장

위대한 기업의 탄생

**창업 10년 만에
세계 최고의 기업들을
넘어서다**

"
우리는 마치 추락하는 와중에
낙하복을 입고 있는 것과
마찬가지였죠.
"

– 브라이언 체스키

그들은 마침내 이뤄냈다. 죽을 뻔했지만 죽지 않았고, 헤어질 뻔했지만 각자 다른 길을 가지도 않았다. 에어비앤비는 자신들의 사업을 열렬히 지지해주는 팬을 발견하며 성장하기 시작했다. 그러고는 누구보다도 높게 날아올랐다.

실리콘밸리의 스타트업 용어로 설명하자면, 체스키와 게비아, 블레차르지크는 '제품-시장 궁합Product-Market Fit(이하 PMF)'이라는 이정표에 도달했다. PMF란 스타트업이 누릴 수 있는 최고의 명예이자 생존의 증거로, 풍부한 고객이 존재하는 시장을 발견하고 동시에 그 시장을 만족시키는 제품을 생산해낸다는 의미다. 이 용어는 실리콘밸리에서 최고의 구루로 손꼽히는 마크 안드레센Marc Andreessen이 자주 언급하면서 유명해졌다. 수많은 스타트업이 이 지점에 도달하지 못한 채 실패를 거듭한다. PMF는 기업이라면 누구나 가장 먼저 도달해야 할 핵심 좌표로써, 만일 그 지점에 도달하지 못한다면 도약과 지속적인 성장을 이뤄낼 수 없다. 그리고 이는 '사람들이 원하는 것을 만들자!'라는 와이 콤비네이터의 모토와도 일맥상통한다.

어쨌든 세 창업자들은 2009년 4월에 이르러서야 PMF라는 중대한 교차로에 도달했다. 그들은 사람들이 원하는 제품을 가졌고, 그 제품은 성장을 이어갔다. 2009년 8월, 일주일에 1000달러이던 매출은 1만 달러가 됐고, 1주일 평균 예약 규모는 총 10만 달러에 달했다.

하지만 힘든 시기도 함께 찾아왔다. 회사의 규모가 커질수록 세 창업자들은 장기적인 비전과 계획, 전략의 필요성을 절감했다. 동시에 직원도 뽑고 조직 문화도 정립해야 했다. 이미 제품은 있었지만 이제 그 제품을 함께 만들어가고 성장시킬 '회사'를 세워야 했던 것이다. 그러나 세 명의 창업자들을 제외한 그 누구에게도 일주일 내내 매일 18시간씩 에어비앤비에만 매진해주길 기대하기는 어려웠다. 후에 체스키는 스탠포드 대학교에서 열린 '스타트업, 어떻게 시작할까?'라는 주제의 강연에서 세콰이아의 파트너이자 에어비앤비의 이사회 멤버인 알프레드 린Alfred Lin과 대담을 나누던 중 이렇게 말했다.

"회사는 미친 듯이 성장하고 있었습니다. 우리는 마치 추락하는 와중에 낙하복을 입고 있는 것과 마찬가지였죠."

세 창업자들이 해결해야 할 미션 가운데 가장 시급한 일은 '첫 엔지니어 채용하기'였다. 하지만 그럼에도 불구하고 결코 채용을 서두르지 않았다. 체스키는 CEO가 되고난 후부터 조직 문화에 관한 책을 닥치는 대로 읽어댔는데, 이를 통해 채용이야말로 경영자가 가장 신중히 접근해야 하는 분야이며, 처음부터 꼭 맞는 사람을 뽑는 것이 장기적인 관점에서 볼 때 무척 중요한 일이라는 사실을 깨달았다. 다시 말해 세 창업자들은 단지 에어비앤비 사이트에 기능 몇 개를 추가해줄 만한 인력을 뽑으려 하지 않았다. 좋은 인재를 뽑으면 그 사람이 자신과 비슷한 수백 명의 직원을 불러들일 것이라 확신했다. 체스키는 스탠포드 대학교에서 열린 같은 강연에서 "첫 엔지니어를 뽑는 일은 여러분의 기업에 DNA를 심는 것과 마찬가지입니다"라고 말했다.

더불어 세 사람은 그들이 닮고 싶은 조직 문화를 가진 기업들을 리스트업했다. 세쿼이아에서 쌓은 인맥을 통해 나이키, 스타벅스 Starbucks, 애플과 같은 거대 기업뿐만 아니라, 친근함과 엉뚱한 문화로 그들이 특히 부러워했던 온라인 쇼핑몰 업체 재포스Zappos에도 가까이 다가갈 수 있었다. 그들은 세쿼이아의 파트너인 맥아두와 매주 아침 식사를 하며 경영에 관한 조언을 듣곤 했는데, 식사 도중 재포스의 CEO인 토니 셰이Tony Hsieh를 소개해줄 수 있느냐고 요청했다. 그런데 놀랍게도 바로 다음 날 세 사람은 재포스의 본사가 있는 라스베이거스 땅을 밟을 수 있었다.

세 사람은 리스트업한 기업들을 견학하면서 그들이 존경하는 기업들 모두가 '강력한 미션'을 갖고 있으며, '핵심 가치'로 단단히 무장돼 있음을 깨달았다. 그 기업들은 미션과 핵심 가치를 조금은 과하다 싶을 만큼 고객과 이해관계자, 주주들에게 주입시켰고, 조직 내부의 행동 방향을 가이드하는 데에 일반적인 원칙으로 사용했다. 핵심 가치는 눈에 보이지 않아서 사업을 시작하는 단계에서 종종 간과되곤 한다. 그러나 조직 행동 전문가들은 원하는 인재를 정의하는 데에는 핵심 가치가 필수적으로 필요하고, 특히 회사의 형성기에 핵심 가치가 단단하게 규정돼야 규모를 성장시키는 데에 도움이 된다고 강조한다.

체스키와 게비아, 블레차르지크는 직원을 채용하기에 앞서 에어비앤비의 핵심 가치부터 정의하기로 했다. 우선 '부지런히 일하는 올림픽 선수', '가족 같은 분위기 구축', '에어비앤비를 향한 열정' 등 총 열 가지의 기질로 간추렸다. 그런 다음에야 비로소 사람을 만나기 시작했다. 수개월 동안 엄청난 양의 이력서를 검토하고 지원자들을 면접했다. 그러한 끝에 검색 기반 스타트업을 창업해 와이 콤비네이터의 일원이 되었지만 결국 날아오르지 못한 닉 그랜디Nick Grandy를 낙점했다. 그는 에어비앤비의 성장 가능성을 믿었고, 이 서비스가 사용자들에게 좋은 가치를 전해줄 수 있을 거라 내다봤으며, 에어비앤비의 성장에 일조할 수 있는 기회를 얻게 되어 무척 기뻐했다. 그는 2009년 여름부터 엔지니어로서 일을 시작했고, 세 창업자들이 사는 로쉬 가 아파트 거실에 자신의 일터를 꾸렸다. 직원 수는 그때부터 서서히 늘어났는데, 그 후 몇 개월 동안 엔지니어 몇 명과 첫 번째 고객 서비스 담당 직원을 채용했다. 그랜디는 아파트 안에 마련된 자신의 자리에서 처음 일을 시작했을 때를 이렇게 회상했다.

"꽤 조용한 분위기였습니다. 그들이 PMF를 찾으려고 정말 열심히 일하던 바로 그때, 또 롤러코스터처럼 놀랍고도 가파른 성장 곡선을 그려내고 있을 때 제가 합류한 거죠."

채용 인터뷰 과정은 실리콘밸리의 엔지니어 채용 기준에 따라 매우 엄격하게 진행됐다. 칼텍Caltech에서 바이오엔지니어링 박사 학위를 취득한 조 자데Joe Zadeh는 2010년 5월에 세 번째 엔지니어로 입사했고, 지금은 제품 담당 부사장으로 일하고 있다. 그는 블레차르지크와 인터뷰를 하기 전 한 달 동안 각각 두 번의 전화 인터뷰와 동료 엔지니어 면접을 거쳤다. 그런 다음에야 체스키와 게비아를 만났고, 당시 사무실에 있던 모든 직원과 일대일 면접을 치르기 위해 두 차례나 에어비앤비를 방문했다. 그는 총 15시간가량 인터뷰를 했고, 그 후에는 3시간으로 제한된 프로그래밍 과제를 마치고 나서야 비로소 에어비앤비의 일원이 될 수 있었다.

자데는 당시를 떠올리며 '오직 에어비앤비라는 단 하나의 기회만을 바라봤다'고 회상했다. 그는 로쉬 가의 아파트에 발을 들였을 때 느꼈던 에너지와 열정을 아직도 잊지 못한다.

"문을 열자마자 열기가 느껴질 만큼 그들은 완전히 미쳐 있었습니다."

자데는 에어비앤비에 입사하기 전 운명 같은 징조를 경험하기도 했다. 입사 지원을 앞둔 불과 몇 주 전, 그는 몇몇 친구들로부터 에어비앤비를 이용해봤다는 문자 메시지를 받았고 그때 처음으로 이 회사를 알게 됐다. 며칠 후 그는 실리콘밸리에 있는 모 회사에서 면접을 봤는데, 그때 만났던 직원은 길 안내를 해주는 내내 에어비앤비가 얼마나 좋은지 극찬을 아끼지 않았다. 그날 밤 집으로 돌아온 자데는 호기심 반 기대 반으로 에어비앤비 사이트에 접속했는데, 운명처럼 한순간 이 회사에 마음을 빼앗기고 말았다. 그가 사이트에서 처음으로 본 것은 미국의 건축가 프랭크 로이드 라이트Frank Lloyd Wright가 위스콘신에 지은 집을 1박에 300달러로 임대할 수 있다는 예약 페이지였다. 대학원에 다니는 동안 로스앤젤레스에 살았던 그는 라이트의 건축 스타일에 관심이 많았는데, 이 낯선 웹사이트에서 그의 건축물을 발견하다니 신기할 따름이었다. 다음 날 자데는 블레차르지크가 낸 엔지니어 채용 기사를 보고는 당장 이메일을 보냈다.

"그 채용 기사는 저에게 '이 회사에 무조건 들어가야 한다'는 네온사인과 같았습니다."

2010년 여름이 되자 로쉬 가의 아파트를 드나들며 일하는 직원이 25명으로 불어났다. 자연스럽게 침실은 회의실이 됐고, 세 창업자들은 계단이나 화장실 혹은 지붕 위에서 지원자들과 면접을 진행했다. 이때부터 체스키는 공간을 마련하기 위해, 또 자신들의 제품(에어비앤비 사이트에 올라오는 숙소들)을 조사하기 위해 아파트를 떠나 1년 동안 에어비앤비 숙소에서 지내기로 마음먹었다.

■ ■ 성장으로 가는 '공짜 고속도로'를 발견하다

이 시기에 에어비앤비는 더 많은 사용자를 확보했지만 여전히 널리 알려지지는 못했다. 그래서 대중적인 인지도를 높이는 일이 가장 큰 과제였다. 세 창업자들은 더 많은 사람에게 에어비앤비를 알리기 위해 할 수 있는 모든 일을 시도했다. 체스키와 게비아는 새로운 시장을 열기 위해 대규모 컨벤션 행사장를 찾아다니며 호스트들과 미팅을 했고, 여러 가지 게릴라 마케팅을 구사하며 숙소와 사용자 수를 늘려나갔다.

그중에서도 블레차르지크는 급속한 성장을 이루기 위한 최고의 '비밀 병기'로서 역할을 다했다. 그는 성장의 돌파구를 찾는 데에 필요한 새로운 도구와 기술을 기발하게 다룰 줄 아는 인재였다. 예를 들어 '애드워즈AdWords'라고 불리는 구글 광고 서비스와의 인터페이스 기술을 개발해 에어비앤비가 특정 도시의 잠재적 사용자들에게 효과적으로 노출될 수 있도록 했다. 또 크레이그리스트로 통하는 백도어Backdoor(사용자 인증 등 정상적인 절차를 거치지 않고 프로그램 또는 시스템에 접근하게 해주는 프로그램)를 구축하는 등 홍보에 유용한 도구들을 앉은 자리에서 즉석으로 만들어냈다. 2009년 당시 크레이그리스트는 몇 안 되는 대규모 사이트 중 하나였으나, 그것을 활용하고자 하는 마케터와 똑똑한 엔지니어들에 의해 쉽게 뚫리곤 했다. 블레차르지크는 에어비앤비가 보낸 이메일 속 버튼을 한 번만 클릭하면 동시에 크레이그리스트 상에도 숙소 리스트가 나타나게 하여 양 사이트의 사용자들 모두에게 숙소가 노출되도록 했다. 그러고는 예약은 에어비앤비에서 진행하도록 프로그램을 설계했다. 많은 엔지니어는 이런 블레차르지크의 기발한 기술적 솜씨를 '놀랄 만한 통합'이라고 부르며 에어비앤비에 경의를 표했다. 더불어 그들은 계약직 몇 명을 고용해 임대를 위해 자신의 집을 올려놓은 크레이그리스트 사용자들에게 자동으로 타겟팅된 이메일을 보내도록 했고, 그들을 에어비앤비로 옮겨 오도록 유도했다.

이러한 성장의 돌파구는 시간이 흐르고 성장에 가속도가 붙기 시작하면서 점차 위력을 잃어갔다. 그러나 블레차르지크가 만든 이른 바 '성장으로 가는 공짜 고속도로'를 개발하고 활용하는 능력은 그 중요성을 아무리 강조해도 지나치지 않는다. 창업자들이 이러한 돌파구를 실행에 옮기지 않았더라면 회사는 그토록 급격하게 성장하지 못했을 것이기 때문이다.

■ ■ 네트워크 효과가 만드는 거대한 성장의 힘

그렇다면 현재 에어비앤비는 정확히 어떤 방식으로 사업을 펼쳐나가고 있을까? 이 회사의 비즈니스 모델은 온라인 쇼핑몰 회사인 이베이eBay와 매우 유사하다. 에어비앤비는 '파는 사람'과 '사는 사람'을 연결시키고 '서비스료'라고 하는 수수료를 취하는데, 웹사이트에는 '에어비앤비가 24시간 내내 원활하게 운영되고 고객을 지원하기 위해 모든 예약에 부과하는 금액'이라고 공손하게 표현돼 있다. 이 수수료가 바로 에어비앤비의 매출이다. 게스트에게는 6~12퍼센트의 수수료를 부과하는데, 소계(에어비앤비 측이 받을 수수료를 제외한 숙박비의 합)가 높을수록 수수료가 낮게 책정되는 방식을 취한다. 또 대금 이체에 소요되는 비용을 부담해야 하기에 호스트에게는 3퍼센트의 예약 수수료를 부과한다.

그래서 만약 게스트가 1박에 100달러짜리 숙소를 예약하고 수수료가 12퍼센트로 책정됐다면, 에어비앤비는 100달러에 12달러를 얹어 게스트에게 부과한다. 그리고 호스트로부터 100달러의 3퍼센트인 3달러를 받는다(이로써 호스트는 총 97달러를 번다). 에어비앤비는 예약이 이루어지는 순간에 게스트에게 대금을 부과하지만, 게스트가 기대했던 모든 점이 충족됐는지를 확인하기 위해 체크인 후 24시간이 지나서야 호스트에게 대금을 전달한다. 호스트는 직접 이체, 페이팔, 선불 카드를 통해 돈을 수령할 수 있다.

에어비앤비는 두 가지 측면을 지닌 온라인 마켓플레이스다. 하나는 여행객과 잠재적 여행객을 대상으로 한 서비스고, 다른 하나는 자신의 공간을 임대하는 사람들을 위한 서비스다. 하지만 여행객을 위한 서비스, 즉 수요 측면이 훨씬 더 크기 때문에 서비스가 다소 한쪽으로 치우쳐져 있다. 실제로 에어비앤비는 게스트를 1억 명 이상 모았지만, 2016년을 기준으로 숙소 리스트는 300만 개에 불과했다. 에어비앤비가 새로운 시장에 진입하려면 양쪽 모두를 성장시켜야 하지만, 호스트 측은 필연적으로 수를 늘리기가 더 어려운 게 현실이다. 이것이 바로 대부분의 수수료가 게스트에게 부과되는 이유다. 에어비앤비는 호스트를 유치하기 위해 파격적인 혜택을 주는데, 값싼 수수료뿐만 아니라 전문 사진 촬영 서비스를 무료로 제공해 누구나 손쉽게 숙소를 등록시킬 수 있도록 돕는다. 또 몇몇 호스트들의 이야기를 소재로 만든 머그컵을 공짜로 발송한다든지, 호스트들에게 론칭 행사와 연례 대회 등에 참가할 수 있도록 비행기 티켓을 제공하는 등 다양한 형태의 '당근'을 지속적으로 제공하고 있다.

에어비앤비의 사업은 기본적으로 '네트워크 효과'를 얼마나 끌어올리느냐에 성패가 달려 있다. 더 많은 사람이 에어비앤비에 숙소를 올릴수록 선택지가 늘어나므로 여행을 원하는 사람들에게 더 매력적인 플랫폼이 된다는 뜻이다. 그리고 더 많은 사람이 에어비앤비를 통해 여행할수록 더 많은 게스트가 존재한다는 뜻이기에 숙소를 올리려는 사람들에게도 더 매력적인 사이트가 된다. 에어비앤비의 제품인 '여행'은 A에서 B로 이동하는 것이기 때문에 빠르고 저렴한 '교류'를 통해 세계적인 네트워크 효과를 불러일으킨다. 프랑스 출신의 한 여행객이 뉴욕의 에어비앤비를 이용하면, 그는 프랑스로 돌아가 '나도 호스트가 돼볼까?'라고 고려하거나 친구들에게 이 서비스에 대해 이야기할 가능성이 크다. 그렇게 되면 인지도 상승이 촉발되고 결과적으로 그 시장 내에서 더 많은 호스트를 확보할 수 있는 길로 이어진다. 이 두 가지 측면(호스트와 게스트)은 대부분 다른 대륙으로 멀리 떨어져 있지만, 직원들이 각 대륙에 발을 들여놓지 않고도 새로운 시장에 신속하게, 적은 비용으로, 또 유기적으로 뿌리내리도록 해준다. 그리고 이러한 점은 신규 시장에 진입하기 위해 막대한 돈을 들여 새로운 마케팅 방법을 구사하거나 직원을 채용해야 하는 기업들, 이를테면 우버Uber와 같은 기업들과 차별화된다. 즉, 에어비앤비를 성장시킨 일등 공신은 사용자들의 여행 패턴과 세계적인 네트워크 효과라 할 수 있다.

에어비앤비라는 비즈니스의 규모와 범위를 수치로 살펴보면 어떨까? 서비스를 시작한 이래 총 게스트 어라이벌은 1억 4000만 개에 이르렀다. 휴면 상태를 제외한 300만 개의 숙소 리스트는 에어비앤비를 그 어떤 호텔 체인 업체보다 더 큰 '세계 최대의 숙박 공급자'로 만들었다(참고로 메리어트인터내셔널은 스타우드를 인수하며 110만 개의 객실을 보유한 세계 최대의 호텔이 됐다). 하지만 에어비앤비는 일반적인 호텔과는 다르다. 호스트의 개인적인 스케줄과 임대 선호 시기에 따라 숙소 리스트의 수는 매일 바뀌고, 대형 행사가 열리면 갑자기 늘어나기도 하며, 어떨 때는 많은 수의 숙소가 공실이 되기도 한다. 그렇기 때문에 숙소 리스트의 수는 회사의 규모와 범위를 나타내긴 하지만, 객실 이용률이나 거래 규모를 판단하기에는 적합한 기준이 아니다. 이 회사는 191개 국가(이란, 시리아, 북한을 제외한 모든 곳)의 3만 4000개 도시에서 사업을 펼치고 있다.

에어비앤비의 투자자들이 그들을 가장 좋아하는 이유를 두 가지로 꼽는다면 바로 '효율성'과 '성장 가능성'이다. 저비용 방식으로 확장이 가능하다는 이점 때문에 에어비앤비는 지난 8년 동안 고작 3억 달러 미만의 투자만을 진행했을 뿐이다(이에 반해 공유경제의 한 축을 담당하는 우버는 2016년 상반기에만 12억 달러를 썼다). 게다가 8년 동안 에어비앤비는 잡초처럼 계속 성장하고 있다. 이 책을 쓰고 있는 시점을 기준으로 에어비앤비는 매주 140만 명의 사용자를 추가하고 있고, 1억 4000만 개의 게스트 어라이벌은 2017년 상반기에 1억 6000만 개로 증가할 것으로 전망된다. 투자자들은 에어비앤비의 2016년 최종 매출이 16억 달러에 달하고 현금 흐름도 더욱 개선될 것이라 예측하고 있다.

■ ■ 스티브 잡스의 '클릭 세 번의 법칙'

에어비앤비의 성공을 논할 때 가장 많이 제기되는 의문이 하나 있다. 홈어웨이, VRBO, 카우치서핑, 베드앤블랙퍼스트, 심지어 크레이그리스트까지 이미 비슷한 공간 임대 사이트가 그토록 많은데 왜 유독 에어비앤비만 '떴냐'는 것이다. 어떻게 에어비앤비는 단기 임대를 대중화하는 데 성공했을까? 반면 왜 다른 회사들은 성공하지 못했을까?

가장 큰 차이는 '제품' 그 자체에 있다. 기술 산업계에서 '제품'이라는 말은 웹사이트나 애플리케이션과 같이 실제 눈에 보이는 것, 그리고 그것을 통해 이루어지는 활동들과 그것을 가능케 하는 기술력, 또 그것을 사용하고 그것과 상호 작용(사용자경험)하는 방식 등 아이디어 단계 이후에 형성되는 모든 것을 포함하는 꽤 모호한 용어다. 에어비앤비의 첫 번째 제품은 단순히 말해 '괴짜스러운 아이디어'였고, 워드프레스로 뚝딱 만든 웹사이트였다. 하지만 덴버에서 열린 민주당 전당대회를 위해 세 번째로 론칭을 준비하던 시기에는 숙소를 공급하는 단순한 플랫폼을 넘어 호텔을 예약하는 것처럼 누구나 손쉽게 공간을 예약할 수 있는 웹사이트로 확장을 시도했다. 여기까지는 다른 업체들과 크게 다를 바 없다.

그런데 체스키와 게비아는 사업 초창기부터 다른 업체들과는 달리, 웹사이트와 사용자경험에 관해서는 자신들만의 철저한 원칙을 지켰다. 우선 24시간 내내 문제없이 잘 돌아가야 했고, 연령에 관계없이 누구나 이용하기 쉬워야 했으며, 숙소 리스트는 무조건 멋지게 보여야 했다. 여기에 창업자들은 자신들의 디자인 영웅인 스티브 잡스Steve Jobs가 '아이팟으로 노래를 들으려면 세 번 이상 클릭해서는 안 된다'는 '클릭 세 번의 법칙'에 입각하여 사용자들이 예약을 할 때 가능한 한 세 번의 클릭만으로 완료할 수 있도록 시스템을 만들었다.

사실 투자를 결정하는 미팅에서 투자자들이 가장 우려했던 부분은 기술적 배경이 전혀 없는 디자인스쿨 출신의 청년들이 창업가라는 점이었다. 하지만 약점이라고 여겨졌던 그들의 디자인적 소양은 시간이 흐른 뒤 가장 큰 자산으로써 작용했다. 체스키와 게비아에게 있어 디자인이란 그저 물건이나 웹사이트를 번드르르하게 만드는 작업이 아니었다. 제품에서 인터페이스로, 인터페이스에서 사용자경험으로 '행동을 설계하는 방법'이었다. 후에 이러한 접근 방식은 조직 문화를 구축하고 사무 공간을 설계할 때, 그리고 회사의 구조를 짜고 이사회를 운영할 때 등 에어비앤비의 모든 측면에 스며들었다. 하지만 초창기에는 웹사이트의 외관이나 전반적인 사용자경험 측면에서만 그런 접근 방식이 적용됐다. 기술 용어로 말하자면, 그것이 바로 그들만의 '최적화 방식'이었다.

■ ■ 세계에서 가장 가치 있는 기술 기업으로

숙소와 여행을 중심으로 거래가 이루어지고, 무엇보다도 디자인적 요소에 집중한다는 점 때문에 언뜻 보면 에어비앤비가 기술을 기반으로 성장한 기업이 아니라는 인상을 받기 쉽다. 하지만 초창기부터 그들이 구상한 플랫폼을 구현해내는 데에는 상당히 정교하고 까다로운 기술들이 요구됐다. 대금 지불, 고객 서비스, 사용자 리뷰 등 다양한 기능을 구축하기 위해 해결해야 할 요소들이 매우 많았기 때문이다.

이러한 것들 중 가장 까다로운 부분은 '대금 지불'이었다. 호텔을 예약하는 것만큼 손쉽게 숙소를 예약하려면 무엇보다도 매끄럽고 정교한 온라인 대금 지불 메커니즘이 필요했다. 또한 호텔과 달리, 대금을 받기만 하면 되는 것이 아니라 대금의 97퍼센트를 개별 호스트들에게 송금하는 작업까지 처리해야 했다. 민주당 전당대회를 위해 서비스 론칭을 준비하던 중 블레차르지크는 대금 지불 메커니즘을 구축하기 위해 '아마존'을 활용했다. 아마존이 제공하는 새로운 '클라우드 대금 지불 서비스' 덕분에 에어비앤비는 은행 노릇을 하지 않고도 게스트로부터 돈을 받아 호스트에게 송금할 수 있었다.

하지만 그가 체스키와 게비아에게 이러한 송금 방식을 소개했을 때 두 사람은 전혀 기뻐하거나 감동받지 않았다. 오히려 그들은 사용자경험이 나빠질 것을 우려했다. 너무 많은 단계를 거쳐야 했고, 아마존이라는 브랜드가 과도하게 관여돼 있기 때문이었다. 그래서 그들은 아마존 방식을 폐기하고 스스로가 '중개인'이 되기로 결정했다. 대금을 받으면 그것을 자신들의 계좌에 넣어뒀다가 고객(호스트)에게 송금하는 방식을 취했던 것이다. 하지만 그 때문에 발생할 복잡한 문제들은 오롯이 세 사람의 몫이었다. 만약 사기에 연루되거나 출혈 경쟁에 휘말리면 대금 상환과 충당금 적립을 그들 스스로 책임져야 했다. 그럼에도 오직 사용자경험을 간단하게 만들기 위해 이러한 접근 방식을 확고하게 추진했다. 민주당 전당대회 시절에는 임시방편으로 페이팔을 이용했지만, 이후 서비스가 성장하면서 결국에는 국제 시장과 환율의 복잡함을 해결하면서도 하루에 수십만 명의 개인들에게 대금을 송금할 수 있는 '사용자 간Peer to peer(P2P)대금 지불 시스템'을 구축해냈다. 이후로도 에어비앤비의 대금 지불 시스템은 진화를 거듭했다. 사이트를 이용하는 사람들은 감지하지 못하겠지만, 이 시스템의 혁신적 가치는 엔지니어들 사이에서 대단한 업적으로 회자되고 있다.

그들이 해결해야 할 또 하나의 도전 과제는 수많은 숙소 가운데 게스트가 원하는 장소를 선별해서 보여주는, 이른바 '매칭 메커니즘'을 구축하는 일이었다. 게스트가 원하는 날짜와 장소에 맞춰 숙소를 보여주는 일은 언뜻 보기에 간단하고 쉬운 작업 같다. 하지만 여기에 개개인의 취향과 여행 스타일까지 고려할 대상으로 포함한다면 말이 달라진다. 호텔과 달리 에어비앤비의 모든 숙소는 외관과 분위기, 지역, 가격뿐만 아니라 이용 가능 여부, 호스트의 규칙과 선호 사항 등에 있어 제각각 다른 특징을 갖는다. 그리고 어떤 사람에게는 최고인 사항이 다른 사람에게는 최악으로 작용할 수도 있다. 호스트와 게스트 양쪽을 고도로 개인화하여 매칭해야 하는 무척 복잡한 작업이었지만, 세 창업자들은 에어비앤비가 성공하려면 웹사이트를 그저 좋은 수준이 아닌, '다시 이용하고 친구들에게 소문을 낼 만큼 좋은 단계'까지 업그레이드해야 한다고 생각했다.

사업 초창기 시절, 에어비앤비의 검색 기능은 아주 단순했다. 특정 지역, 여행객 수, 날짜, 숙소 내 시설 등 몇 가지 기본 조건을 체크하면 그에 해당하는 숙소를 만족도 순으로 보여주는 수준이었다. 하지만 시간이 지나면서 회사의 알고리즘은 점차 진보했고, 숙소의 품질부터 호스트의 행동 패턴, 예약 선호 사항 등과 같은 고도의 요소까지 모두 감안할 수 있게 됐다. 예를 들어 에어비앤비는 호스트의 과거 행동 패턴을 통해 그가 미리 예약받기를 선호하는지, 혹은 마감이 임박해도 기꺼이 예약을 받아주는지를 확인할 수 있다. 그렇게 에어비앤비는 게스트와 호스트를 적절히 매칭해주면서 서로 간에 발생할 불만을 억제함은 물론, 게스트가 호스트로부터 거절당할 가능성을 줄여나갔다.

이후로도 에어비앤비의 검색과 매칭 기술은 훨씬 더 정교해졌다. 이제는 400여 명의 엔지니어와 하나의 '머신러닝(기계학습) 엔진 Machine learning engine'을 보유함으로써 그들이 도달하고자 하는 '성배'에 근접하고 있다. 그래서 특정 날짜와 지역에서 이용이 가능한 수만 개의 숙소 리스트 중에 사용자가 가장 좋아할 만한 5~6개의 숙소를 매우 신속하게 추출해내는 수준에 이르렀다.

더불어 에어비앤비는 2010년부터 2011년 사이에 계속해서 서비스를 확장해나갔다. 핀터레스트 Pinterest(이미지를 공유, 검색, 스크랩하는 이미지 중심의 소셜 네트워크 서비스) 스타일로 구성된 위시리스트 기능을 추가했고, 유명 인사들이 만들어놓은 위시리스트를 공개적으로 볼 수 있게 했으며, 사용자의 에어비앤비 계정을 페이스북 계정과 연동할 수 있도록 만들었다. 거기에 전문 사진 촬영 서비스가 시장 평균보다 2~3배 더 많은 예약을 발생시킨다는 점에 착안해 2011년 말에는 사진 촬영 서비스를 1개월에 1000장에서 5000장으로 확장했다. 그 효과는 즉각 예약 쇄도로 나타났다.

이처럼 에어비앤비가 모든 분야에서 신속하게 규모를 확장할 수 있었던 비결은 무엇일까? 바로 회사가 '클라우드 컴퓨팅Cloud computing' 시대에 탄생한 덕분이다. 비싸고 자원이 많이 소요되는 서버, 데이터, 웨어하우스, 데이터센터를 보유하고 구축하는 대신, 에어비앤비는 클라우드 컴퓨팅 서비스를 제공하는 '아마존 웹 서비스'에 이 모든 온라인 인프라를 구축했다. 복잡한 인프라를 운영하는 데에 시간과 에너지를 소모하지 않았기 때문에 에어비앤비의 기술 팀은 빈틈없이 사이트를 구축하는 일과 핵심 사업에 연관된 문제 해결에만 집중할 수 있었다. 만약 에어비앤비가 클라우드 컴퓨팅이 상용화되기 전에 설립됐다면, 급속도로 성장을 거두진 못했을 것이다.

물론 에어비앤비가 고도화된 기술 혁신으로부터 혜택을 받기는 했지만, 초창기에는 도구들 자체가 미성숙했기 때문에 자잘한 문제들이 갑자기 터지거나 무작위로 발생하는 오류도 상당했다. 실제로 블레차르지크는 사업 초기 18개월 동안, 그리고 그 이후에도 하루 종일 플랫폼이 그저 온전히 작동하도록 유지하는 일에만 매진했다. 사이트가 다운될 때마다 자신의 휴대폰에 '에어베드에 바람이 빠졌다!'는 문구가 뜨도록 설정해둘 지경이었다. 블레차르지크는 당시를 회상하며 "이런 일이 거의 이틀에 한 번꼴로 발생했고, 한밤중에도 종종 터졌습니다"라고 말했다.

그럼에도 불구하고 백엔드 인프라를 지속적으로 정교화한 덕분에 회사는 설립 후부터 지금까지 지속적인 성장을 이뤄내고 있다. 처음 세콰이아로부터 58만 5000달러의 투자를 받은 이래로 세 창업자들에게 있어 가장 큰 문제는 성장을 '창출'하는 것이 아니라 성장에 '보조'를 맞춰가는 일이었다. 테크크런치에 의하면, 2010년에 에어비앤비의 예약 건수는 800퍼센트가 증가했다. 그리고 그해 11월에는 총 70만 개의 예약 건수를 달성했는데, 그중 80퍼센트가 직전 6개월 동안 발생한 것이었다. 이때 회사는 로쉬 가의 아파트를 떠나 샌프란시스코의 10번 가로 본사를 이전했다.

■ ■ 대담함과 당돌함으로 '빅 리그'에 진입하다

회사가 성장함에 따라 에어비앤비는 과거에 자신들을 무시했던 유명 투자자들의 주목을 끌기 시작했다. 2010년 봄, 그들은 링크드인LinkedIn의 공동 창업자이자 벤처 캐피탈 회사 그레이록 파트너스Greylock Partners의 파트너인 리드 호프만Reid Hoffman을 만났다. 호프만은 원래 에어비앤비의 사업 아이디어를 그저 카우치서핑과 비슷하다고 여겨 별다른 관심을 두지 않았다.

"에어비앤비에 대해 처음으로 내게 말했던 사람은 그 사업을 매우 형편없는 아이디어라고 설명하더군요. 알고 보니 그는 이런 종류의 사업에 관해서는 얼간이 같은 사람이었습니다."

하지만 그중에서도 대표적인 지역 기반 소셜 네트워크 옐프Yelp의 공동 창업자이자 에어비앤비의 초기 엔젤 투자자였던 제레미 스토펠만Jeremy Stoppelman은 호프만에게 에어비앤비야말로 놀라운 사업 아이디어라고 말하며 세 창업자들을 꼭 한번 만나볼 필요가 있다고 설득했다.

세 창업자들과 만난 호프만은 이야기를 나눈 지 몇 분도 채 지나지 않아 그들의 비즈니스가 카우치서핑과는 전혀 다르고 이베이와 비슷한 메커니즘으로 공간을 중개한다는 사실을 알아차렸다. 그는 에어비앤비에게서 무한히 큰 가능성을 발견했다. 열심히 설명을 늘어놓는 창업자들의 말을 끊으며 그는 더 이상 설명할 필요가 없다고 손사래 쳤다.

"저는 이렇게 말했습니다. '자, 저는 당신들에게 확실히 투자하겠다는 의향을 밝힙니다. 그러니 아이디어를 비즈니스로 만들어봅시다. 현실적인 일로 만들어보죠. 앞으로 어떤 문제를 해결해야 할지 이야기합시다'라고 말이죠."

11월에 에어비앤비는 그레이록 파트너스로부터 720만 달러의 투자를 받았다고 발표했다(호프만은 과거 에어비앤비를 무시했던 실수로부터 교훈 하나를 배웠다고 말한다. '얼간이 같은 누군가가 어떤 사업을 나쁘게 말하더라도 그것이 그러하다고 미리 판단하지 말자!' 그는 그 사업이 믿을 만하다는 설명을 들을 때까지 기다려보라고 조언한다).

사실 호프만이 세 창업자들에게 매혹됐던 가장 큰 이유는 아이디어뿐만 아니라 그들이 보여준 '대담함'과 '당돌함' 때문이었다. 호프만은 이것이 온라인 마켓플레이스 비즈니스를 시작하는 창업가들에게 최우선적으로 요구되는 소양이라고 말한다.

"전통적인 사업은 창업자들에게 다른 강점을 요구합니다. 또 네트워크 회사나 게임 회사라면 담대한 마음가짐이 그리 중요하지 않을지도 모릅니다. 하지만 마켓플레이스 창업자가 가져야 할 강점들 중 최우선은 독창적으로 사고하고, 기꺼이 논쟁에 발을 담그려는 당돌함입니다. 그리고 그것은 에어비앤비의 창업 스토리에 모두 녹아 있습니다. 에어베드를 임대하기 위해 애쓰고, 결코 죽지 않겠다며 시리얼박스를 만들었던 도전들, 그것이 바로 제가 '즉시 투자하겠습니다'라고 말했던 이유입니다."

그로부터 두 달 후, 에어비앤비의 총 숙박일은 100만 일을 넘어섰고, 다시 4개월 후에는 그 수치가 두 배로 증가해 200만 일이 됐다. 하지만 그보다 더 큰 뉴스가 기다리고 있었다. 2011년 6월에 에어비앤비는 투자 회사 안드리센 호로위츠Andreessen Horowitz의 주도로 1억 1200만 달러의 추가 투자를 받게 됐음을 공표했다. 몇 달 동안 기술 업계에서 소문으로만 떠돌던 소식이 현실로 나타난 것이었다. 이 투자 회사는 과거에 에어비앤비를 철저히 무시했지만, 입장을 180도 선회했다. 이 투자에는 DTS 글로벌DTS Global과 제너럴 캐털리스트 파트너스General Catalyst Partners와 같은 주요 투자 회사도 함께 참여했다. 투자자들은 에어비앤비의 가치를 12억 달러로 평가했는데, 이는 최소 10억 달러의 가치를 지닌 기업을 지칭하는 단어인 '유니콘Unicon'을 에어비앤비에 공식적으로 붙일 수 있는 계기가 됐다. 기술 웹사이트 올씽스디AllThingsD는 이 투자액이 에어비앤비의 초기 투자액 780만 달러에 비하면 '믿기 힘들 만큼' 엄청난 규모라고 언급했다.

무엇보다도 이때 이루어진 거액의 투자는 에어비앤비가 시장에서 어느 정도의 위치에 도달했는가를 보여주는 신호였을 뿐만 아니라, 앞으로 훨씬 더 성장할 수 있는 잠재력을 지녔다는 공식적인 인정이기도 했다. 투자자들의 명성과 더불어 투자의 규모와 범위에 관한 소식은 실리콘밸리 전체가 떠나갈 만큼 크게 울려 퍼졌다. 당시 테크크런치는 "에어비앤비는 스타트업 세계의 '슬리퍼 히트Sleeper Hit(모두의 예상을 깨고 흥행에 성공한 영화)'가 됐다"고 보도했다.

세 창업자들은 여러 가지 장애물을 거쳐 지금 이곳에까지 왔다. 처음에는 아무도 그들을 믿지 않았다. 지독하리만큼 냉담하고 속을 알 수 없었던 투자자들, 가슴이 뛰던 숱한 밤들, 전전긍긍하던 부모님들까지 헤아릴 수 없는 어려움을 헤치고 나온 그들은 거대한 벽들을 자신들만의 방식으로 돌파해왔다. 그리고 이제 그들은 소위 말하는 '빅 리그'로 진입했다. 하지만 동시에 그곳에서 맞닥뜨려야 할 몇 가지 문제에 직면해야 했다.

■ ■ 모방자의 습격

첫 번째 인터넷 붐이 일어나던 시기에 독일의 세 형제 마크 잠베르Mark Samwer와 알렉산더Alexander, 올리버Oliver는 미국에서 가장 성공한 기술 스타트업들의 아이디어를 복제해 사업을 시작했다. 베를린에 근거지를 둔 벤처 캐피탈 회사는 이베이, 재포스, 아마존의 아이디어를 한데 뒤섞은 이 복제 회사에 투자를 진행하기도 했다. 2007년에 그들은 또 다른 회사인 '로켓 인터넷Rocket Internet'을 설립했는데, 인터넷 스타트업들의 성과를 복제하는 동일한 전략을 구사했다.

그들의 각본은 항상 똑같았다. 먼저 원조 회사가 미국 시장에 집중하면서 해외 확장을 위한 시간과 자금을 확보하는 사이, 유럽에 복제판 웹사이트를 재빨리 론칭하는 식이었다. 그런 다음, 시장을 지배하기 위해 거의 밤을 새면서까지 성장을 시키는 데에만 비용을 물 쓰듯이 투자했고, 이후 그 복제 회사를 원조 회사에 매각했다. 이때 원조 회사는 자기 브랜드의 소유권을 되찾기 위해 울며 겨자 먹기로 막대한 프리미엄을 지불할 수밖에 없었다.

2010년에 세 형제는 '그루폰Groupon'을 공략해 성공을 거뒀다. 그루폰은 복제 회사를 1억 7000만 달러에 달하는 돈을 주고 사들였다. 그들은 2011년이 되자 에어비앤비로 눈을 돌렸다. 에어비앤비를 복제해 '빔두Wimdu'라는 회사와 중국 계열사인 '아이리쭈Airizu'를 창업했고 9000만 달러의 투자를 유치해냈다. 그들은 몇 개월 안에 400명의 직원을 채용했으며, 12개 이상의 지사를 개설했고, 1만 개가량의 숙소 리스트를 확보했다. 그 무렵 에어비앤비는 유럽에 있는 회원들로부터 빔두의 공격적인 전술에 관한 정보를 듣기 시작했다. 그것은 마치 전면적인 지상전이었고, 그런 야비한 행동을 알게 된 후에는 회원들에게 이메일을 보내 '사기꾼'의 행각에 속지 말기를 충고했다.

하지만 당시의 에어비앤비는 빔두의 공격을 막아내기에 역부족이었다. 400명의 직원을 거느린 빔두에 비해 그들의 직원은 고작 40명뿐이었다. 즉시 유럽 시장에서의 권리를 요구해야 한다는 사실을 알고 있었지만, 에어비앤비는 세계 모든 지역에 서비스를 제공하지도 못하는 상태였다. 말할 것도 없이 세 형제는 곧장 에어비앤비에게 빔두를 매입하라는 제안을 해왔다.

지금껏 실리콘밸리에서 최고로 손꼽히는 지성들을 만나온 체스키는 그루폰의 대표인 앤드류 메이슨Andrew Mason과 페이스북의 CEO인 주커버그, 투자 파트너인 그레이엄과 호프만 등으로 구성된 모임에 조언을 구했다. 하지만 그들은 모두 각기 다른 의견을 내놓았다. 세 형제의 공격을 막 경험한 메이슨은 체스키에게 빔두가 에어비앤비를 죽일 만한 잠재력이 충분하다고 말했다. 주커버그는 최고의 서비스를 가진 자가 승리할 테니 빔두를 매입하지 말라고 조언했다. 마지막으로 그레이엄은 에어비앤비의 세 창업자들이 '선교사'인 반면, 빔두의 창업자들은 돈이 목적인 '장사꾼'에 불과하다고 말하며 두 회사의 차이를 깨닫게 했다. 뒤이어 그는 선교사가 승리하는 게 당연하다는 말로 세 창업자들을 위로했다.

체스키가 '회사의 명운을 걸었던 순간'이라고 칭했던 바로 그때,

세 창업자들은 결과적으로 빔두를 매입하지 않기로 결정했다. 여기에는 그레이엄이 언급했던 이유가 크게 작용했다. 무엇보다도 세 사람은 400명이나 되는 빔두의 직원들을 받아들일 용의가 전혀 없었다. 그들은 장사꾼일뿐더러 에어비앤비가 내세우는 핵심 가치에도 부합하지 않았기 때문이다. 또 그들은 세 형제가 자신들의 회사를 오랫동안 운영하는 데에는 큰 관심이 없다는 사실을 잘 알고 있었다. 그들에게 할 수 있는 최고의 복수는 그들 스스로가 설립한 거대 기업을 어쩔 수 없이 그대로 경영하도록 만드는 일이라고 확신했다 (당시에 체스키는 호프만에게 "아기가 생기면 키울 수밖에 없죠. 그 아이 때문에 이도 저도 못하겠지만요"라고 이야기했다).

매입하지 않겠다는 대답이 회사의 핵심 가치와 문화를 지키는 길임에는 틀림없었지만, 그럼에도 유럽 시장을 되찾아야 한다는 압박에서만큼은 자유로울 수 없었다. 에어비앤비는 즉시 또 다른 독일 기업인 '아콜레오Accoleo'를 인수했다. 아콜레오는 에어비앤비를 모방한 회사였지만 빔두와 같은 착취 기업은 아니었다. 이러한 인수과정을 통해 에어비앤비는 국가별 담당자를 채용하고 훈련시켜 그들로 하여금 해당 지역 시장을 개척하고 성장시키도록 하는 국제적 확장을 시도했다. 그 후 3개월 동안 10개의 지사를 새로이 개설하고 수백 명의 현지 직원을 채용했다. 그 사이에 빔두는 끈질기게 운영을 계속하며 총 1000만 일의 예약일을 달성했다.

이 일은 에어비앤비에게 있어 그동안 경험해보지 못했던 엄청난 위기였고, 일촉즉발의 상황이었으며, 동시에 큰 교훈을 남겨주는 계기가 됐다. 그러나 몇 주 후에 닥칠 위기에 비하면 정말이지 아무것도 아닌 작은 고비에 불과했다.

■ ■ 회사를 뒤흔든 최악의 사태

2011년 5월에 영상으로 진행된 인터뷰에서, 체스키는 게스트들의 안전과 관련해 아직 한 건의 문제도 발생하지 않았다며 자신만만하게 이야기했다.

"감금 및 살인, 강간과 같은 불미스러운 일이 발생해서는 안 됩니다. 우리의 총 숙박일은 160만 일에 이르지만, 아직 아무도 다치지 않았음은 물론 중대한 사건이 벌어졌다는 보도도 없습니다."

사회자는 고개를 갸웃거리며 "하지만 앞으로 그런 일이 생기지 않을까요?"라고 물었다.

"저는 몇 달 동안 운전을 하면서 세 번이나 사고를 당했습니다. 그런 점에서 저는 에어비앤비가 매일 타고 다니는 자동차보다 더 안전하다고 말하고 싶네요."

그의 말은 운명을 시험하는 듯 지나치게 자신만만해 보였고, 그가 말한 대로 이루어지리라는 예지의 종소리처럼 들리기도 했다.

그로부터 약 한 달 후인 2011년 6월 29일, 'EJ'라는 아이디의 여성은 자신의 고통스러운 심경을 블로그에 올렸다. 에어비앤비의 호스트로 집을 임대하던 그녀는 6월 초 게스트들이 그녀의 집을 엉망으로 망가뜨렸다며 하소연했다. 단순히 물건을 어지르는 정도가 아니었다. '폭력'이라고 할 만큼 집 안을 완전히 박살내버린 상태였다. 게스트들은 잠가놓은 벽장문을 부수고 카메라와 아이팟, 컴퓨터, 할머니의 패물, 출생증명서, 사회보장카드를 훔쳐갔다. 게다가 쿠폰을 찾아내 온라인으로 쇼핑까지 했다. 연통도 열지 않은 채 그녀의 물건을 벽난로에 태워버리는 바람에 집 안 전체가 재로 뒤덮였다. 베개의 끈이란 끈은 모조리 잘라버렸고, 가구와 조리대, 책상과 프린터에 가루 표백제를 흠뻑 뿌려놓았다. 그녀의 옷과 수건은 물에 젖어 곰팡이가 핀 채로 벽장 바닥 위에 쌓여 있었으며, 화장실 욕조에는 딱딱하고 노란 물질이 두껍게 발라져 있었다. 그렇게 집을 '파괴'해버리고 나서 그 아파트를 빌린 'DJ 패터슨'이라는 아이디의 게스트는 EJ에게 이메일을 보내 '햇살이 가득한 아름다운 아파트였다', '작은 로프트가 너무 마음에 들었다'며 뻔뻔하게 소감을 늘어놓았다.

이 사건은 상황이 얼마나 극단으로 치달을 수 있는지, 또 상상을 뛰어넘는 수준으로 악화될 수 있는지를 보여주는 첫 번째 사례였다. 게다가 피해자는 더 이상 나빠질 수도 없는 상태였다. 그녀는 근근이 생계를 유지하는 프리랜서로, 자신이 어떻게 집을 비밀 공간으로 만들었는지, 햇살이 가득하고 아늑한 다락방에 앉아 호사를 누리는 게 얼마나 큰 위로가 되었는지를 블로그에 자세하게 썼다.

집은 내 삶의 모든 것이자 평화롭고 안락한 공간이었습니다. 내가

105

위대한 기업의 탄생

여행을 떠난 동안 완벽하리만큼 아름다운 아파트를 빈 상태로 두는 건 어리석은 생각 같았죠. 샌프란시스코를 찾은 많은 여행객이 머물 곳을 찾는데, 내가 호텔보다 현지인의 집을 선호하듯이 그들도 그러한 방법으로 도시를 경험하길 원할 거라 생각했습니다.

나는 에어비앤비를 이용하는 사람 중 97퍼센트가 선한 마음을 지닌 사람이라고 믿습니다. 불행하게도 나는 나머지 3퍼센트를 만난 셈이죠. 누군가는 틀림없이 나와 비슷한 방식으로 피해를 입었을 테고, 예상하건대 앞으로도 그런 사건들이 계속 발생할 것입니다.

뒤이어 그녀는 에어비앤비를 향해 자신이 지불한 수수료의 대가로 정확히 무엇을 보장받았는지를 물었다. 크레이그리스트의 경우, 수수료가 없는 대신 사이트를 이용하면서 발생하는 모든 책임은 사용자 본인에게 주어진다고 여러 차례 경고하는 동시에 게스트가 될 사람과 활발히 의사소통하라고 권장한다. 반면 에어비앤비는 게스트가 숙박료를 완전히 지불할 때까지 개인적인 연락처 교환을 철저히 통제했다. 즉, 그녀는 호스트가 낸 3퍼센트의 수수료는 에어비앤비가 그들을 위해 게스트에 관한 조사를 끝냈음을 의미하는 게 아니냐며 추궁했다.

사건이 일어난 직후 EJ는 에어비앤비의 긴급 이메일urgent@airbnb로 연락을 취했다. 하지만 이렇다 할 피드백이 없었고, 에어비앤비의 일을 몇 번 도맡아 했던 친구에게 연락을 한 끝에 다음 날이 돼서야 답장을 받을 수 있었다. 에어비앤비는 그녀의 상황을 파악한 후

즉각 위로의 뜻을 전하고 적극적으로 사건을 수습해나갔다. 그녀는 블로그를 통해 이런 글을 남겼다.

> 에어비앤비의 고객 서비스팀은 이번 범죄 사건을 해결하기 위해 온 힘을 다했습니다. 그들은 자주 전화를 걸어와 현재 상태를 체크했고, 진정으로 걱정하고 위로했으며, 여러 모로 지원하겠다는 뜻을 전했습니다. 그들은 내가 감정적·금전적으로 회복될 수 있도록 돕겠다는 약속도 잊지 않았으며, 범죄자들을 추적하기 위해 샌프란시스코의 경찰 당국과 긴밀히 협조했습니다.

그렇게 사건이 잘 마무리되는 듯싶었다. 하지만 한 달 뒤, EJ가 쓴 글이 언론에 노출되면서 사건이 점차 세상에 알려지기 시작했다. 이 일로 에어비앤비는 커다란 내상을 입었다. 구성원 가운데 그 누구도 이러한 위기를 경험해본 적이 없었기 때문에 적절히 대응하지 못했다. 그 후 몇 주 동안 체스키와 게비아, 블레차르지크를 포함한 모든 임직원은 매일 24시간씩 사건을 수습하는 데에만 매달렸고, 어드바이저들을 찾아다니며 조언을 구했다. 무엇보다도 당시는 대규모 투자가 막 발표됐던 때라 언론의 보도가 어떤 영향을 끼칠지 촉각을 곤두세울 수밖에 없는 상황이었다.

위기를 타개하는 방법에 있어 관계자들은 모두 다른 의견을 내놓았다. 어떤 사람은 회사가 전적으로 책임지는 일이 더 많은 불만을 불러일으키도록 문을 활짝 열어주는 꼴이라 주장했고, 어떤 사람은 회사가 저지른 실수를 솔직하게 인정해야 한다고 말했다. 또 어떤 사람은 상황이 잠잠해질 때까지 조용히 있어야 한다고 조언했다.

결국 사건이 일어난 지 약 한 달 뒤인 7월 27일, 체스키는 회원들을 안심시키기 위해 공지문을 게시했다.

> *에어비앤비는 안전을 최우선으로 생각합니다. 이러한 사태를 바로 잡기 위해 EJ를 비롯한 관련 기관들과 긴밀히 만났고, 누군가는 현재 구속된 상태입니다.*

더불어 회사가 향후에 도입하려는 몇 가지 안전 개선 대책을 개략적으로 알렸다.

하지만 이 발표는 상황을 더 악화시키고 말았다. EJ는 체스키의 주장을 모조리 반박하는 내용의 글을 올렸다. 그녀는 자신에게 도움을 줬다고 주장하는 고객 서비스팀이 어느 순간부터는 완전히 자취를 감췄다고 주장했다. 게다가 공동 창업자 중 한 명은 자신에게 전화를 걸어 글을 내려줄 것을 요청했고(확인된 결과 그는 블레차르지크였다), 회사가 안전을 보장할 어떠한 조치도 취하지 않은 채 아무런 보상도 하지 않았다고 말했다. 그녀는 에어비앤비의 사용자들을 향해 앞으로는 에어비앤비를 이용하는 대신 호텔을 예약하는 편이 자신을 돕는 길이라고 말하며 긴 글을 마쳤다. 한편 또 다른 호스트가 EJ 사건과 비슷한 이야기를 들고 나타났다. 필로폰을 맞은 게스트가 자신의 아파트를 엉망으로 만들었다는 내용이었다.

체스키는 훌륭한 어드바이저들에게 조언을 구해봤지만, 여전히 그들의 의견은 제각각이었다. 모두가 회사에 가해질 충격에만 초점을 맞췄고, 상황을 악화시킬 행동이나 발언을 자제하라고 권유했다. 이때 체스키는 어드바이저들의 말을 곧이곧대로 듣지 말아야 한다고 생각했다.

"고객을 배려하지 말아야 한다니 정말로 암울한 기분이었습니다. 이번 사건을 통해 저의 우선순위는 완전히 바뀌었습니다."

그는 당장의 매출을 신경 쓰기보다는 회사가 추구하는 가치를 우선적으로 따라야 함을 깨달았다. 그는 분명하게 사과해야 한다고 생각했다. 그것도 아주 큰 목소리로.

8월 2일, 체스키는 다시 한 번 강한 어조로 글을 올렸다.

> 우리는 이번 일을 크게 그르치고 말았습니다. 이번 주 초에 상황을 설명하기 위하여 공지문을 올렸지만, 저의 진정한 마음과 생각을 보여주지 못했습니다.

그는 회사가 이번 사태에 대해 잘못된 방식으로 대처했고, 어떤 순간에도 회사의 가치를 유지해야 한다는 사실을 망각했다고 말했다. 또 에어비앤비가 EJ를 실망시켰고, 더욱 세심하고 결단력 있는 행동으로 빠르게 대응했어야 한다고 지적했다. 그는 피해로부터 호스트들을 보호하기 위해 5만 달러를 보상하겠다고 발표했다(몇 달 후 에어비앤비는 보상 금액을 100만 달러로 인상했다). 그는 EJ의 충고에 따라 '24시간 고객 핫라인'을 운영하고, 고객지원 인력을 두 배로 늘리겠다고 발표했다.

사실 이 모든 조치는 체스키가 받은 조언과는 완전히 반대되는 것이었다. 대부분의 어드바이저들은 사건이 잠잠해질 때까지 최대한 몸을 숨겨야 한다고 말했다. 그런데 그중에서도 안드리센만은 달랐다. 그는 한밤중에 체스키에게 이메일을 보내 본래 계획했던 보상 금액인 5000달러에서 '0'을 하나 더 붙여 5만 달러로 인상하면 어떻겠냐는 의견을 전했다. 이 경험을 통해 체스키는 '여러 사람의 합의로 의사 결정을 내려서는 안 된다'는 중요한 교훈을 얻었다.

"위기의 순간에 합의로 의사 결정을 내리는 일은 중용을 지키는 것처럼 보이나, 자칫 최악의 의사 결정이 될 수도 있습니다."

더불어 '0'을 하나 더 붙인다는 안드리센의 조언을 통해 사고를 한 단계 더 끌어올릴 수 있었다. 시간이 흐른 뒤 체스키는 이때의 경험을 회사의 '부활'이라고 칭했다.

에어비앤비는 부활의 일환으로 몇 명의 핵심 인재를 추가 채용했다. EJ 사건은 세 창업자들에게 커뮤니케이션에 관한 전문가가 필요하다는 사실을 일깨워줬다. 그들은 정치 전문가 출신이자 야후 Yahoo에서 근무했던 킴 루베이Kim Rubey라는 사람을 알게 됐다. 그녀는 위기 대처, 소비자 대응, 정부 업무와 관련한 경험이 풍부했는데 이러한 세 가지 경험은 그들에게 필요한 완벽한 조합이었다. 더불어 핵심 인력으로 야후의 법무 자문위를 역임했던 벨린다 존슨Belinda

Johnson을 영입했다. 존슨은 브로드캐스트닷컴broadcast.com에서 법무
자문위원으로 활동하면서 라디오 스트리밍 문제, 저작권 위반, 프라
이버시 침해 등 온라인 사업 초창기에 발생하는 모든 문제를 처리했
고, 이후 야후로 이직했다. 당시에 그녀는 야후를 떠나 새로운 기회
를 찾고 있었는데, 그녀가 원하는 기업은 창업 초기이고 소비자 지
향적인 사업체였다. 그런데 때마침 신문 기사에서 에어비앤비를 발
견했다.

"저는 신문 기사를 읽으면서 흥분을 감출 수 없었어요. 딱 제가 찾
던 회사였으니까요."

2011년 가을, 그녀는 로드아일랜드 가로 이주한 샌프란시스코 본
사로 첫 출근을 했다.

■ ■ 생존을 넘어 진화의 단계로

세 창업자들은 에어비앤비를 10억 달러짜리 기업으로 변모시키
는 과정에서 몇 가지 커다란 교훈을 얻었다. 사업 아이디어를 현실
화시키기 위해 절박한 마음으로 애쓰던 초창기 시절, 그들의 유일한
목표는 그저 '생존'하는 것이었다.

"'PMF'는 고사하고 장기적인 관점에서 생각한다는 일이 가당치
도 않았습니다. 죽어가고 있는데 '이 다음에 커서 나는 어떤 사람이
될 거야'라고 생각하는 사람이 있나요? 그저 '어떻게 하면 죽지 않

을까?'라고 생각할 뿐이죠."

돌이켜보면 우유도 없이 뻑뻑한 시리얼을 씹어 삼키던 시절은 오히려 편했던 때라고 회상한다. 그랬던 그들이 이제는 여러 가지 위기에 직면했고, 경쟁자들 역시 점차 늘어가고 있다. 성패를 좌우하는 결정들이 순식간에 이루어지기도 했다. 회사가 성장함에 따라 장기적인 목표도 염두에 두었지만, 아직은 확고히 안정된 상태가 아니었기 때문에 늘 그때그때 내려야 할 의사 결정 사안들에 허덕일 수밖에 없었다.

짧은 기간 동안 세 창업자들은 많은 인력을 추가로 채용하기도 했다. 2011년 말에 이르러 본사의 직원은 150여 명으로 늘어났고, 해외에도 비슷한 수의 인력이 채워졌다. 세 사람은 그제야 경영이 무엇을 의미하는지 제대로 깨닫기 시작했다. 그들은 조직 문화를 구축해야 했고, 내일이나 일주일 후가 아닌 향후 3개월을 제시하는 로드맵을 필요로 했다.

사람들은 체스키에게 자주 창업 시절을 묻곤 하는데, 정작 그는 회사가 창업 단계를 벗어나 2단계에서 5단계까지 나아가는 과정에 더 힘든 역경이 도사리고 있다고 말한다. 그는 이를 '진화'라는 단어로 표현한다. 이 과정(2단계에서 5단계로 나아가는)은 '인적이 없는 으슥한 길'과 같다. 창업의 시작 단계를 다루는 책은 많지만, 궤도에 막 올랐을 시점부터 세계적인 규모로 키우기까지의 과정을 자세히 소개한 책은 많지 않다는 점에서 아쉬움을 표하기도 했다.

지난 에어비앤비의 역사를 보면, 그들의 '급성장 단계'는 정말로 오랜 시간 유지됐다. 2012년 초에 체스키는 마침내 에어비앤비가 변화를 시도할 수 있고 좀 더 장기적으로 생각할 수 있는 시기에 도달했다고 말했다. 회사는 꽤 오랫동안 급성장 단계에서 벗어나지 않았고(여전히 그 단계에 머물러 있다), 2013년에는 거대한 신규 사옥으로 이전을 하면서 더 많은 핵심 인원을 채용했다. '공간을 중개하는 이베이'라 불리던 에어비앤비는 이제 다른 스타트업들이 모방하고 싶은 '창업의 표본'으로 자리 잡았다. 보트바운드Boatbound는 '보트를 빌려주는 에어비앤비', 두카나Dukana는 '설비를 임대하는 에어비앤비', 도그버케이DogVacay는 '개를 빌려주는 에어비앤비'처럼 많은 창업자들이 에어비앤비라는 이름을 붙여 자신들을 소개하기 시작했다.

현재 에어비앤비는 명실상부한 실리콘밸리의 대표적인 기업으로 자리 잡았다. 엔지니어 400여 명, 그보다 더 많은 인력을 보유한 고객 서비스 부문을 포함하면 2500명 이상의 직원들이 에어비앤비와 함께하고 있다. 에어비앤비를 만들어가고 있는 그들은 회사 '안'에 존재한다. 그리고 에어비앤비의 역사에 있어 가장 중요한 역할을 한 '이용자'들은 본사를 둘러싼 벽 '바깥'에 존재한다. 그들은 수많은 호스트와 게스트로써, 에어비앤비를 일개 기업에서 하나의 거대한 '문화'로 승격시킨 장본인들이다.

위대한 기업의 탄생

제3장

문화를
창조하는 법

—

300만 개의 베개가 꽃피운
'에어비앤비'라는 이름의
국가

"
우버는 거래 지향적인 기업입니다.
반면, 에어비앤비는 인간 지향적인 기업입니다.
"

– 엘리사 쉬라이버

에어비앤비의 형성과 성장 과정은 마치 한 시대를 대표하는 기업가를 소재로 쓴 대하소설과도 같다. 세 창업자들이 회사를 일으키기 위해 맞서야 했던 도전들, 그들이 구축한 제품과 문화, 그리고 세계 최고의 숙박 기업으로 신속하게 변모해간 일련의 과정들은 에어비앤비의 놀라운 민첩성과 적응력을 고스란히 보여준다. 그들이 이 모든 것을 단 몇 년 만에 이루어냈다는 사실, 그것도 과거에 기업을 경영해본 경험이 전혀 없는 상태에서 이만큼 회사를 키워냈다는 사실은 실리콘밸리 역사상으로도 굉장히 놀랄 만한 일이다.

그러나 회사의 네모난 벽 안에서 일어난 일들만 들여다본다면 에어비앤비 스토리의 거의 전부를 놓치고 마는 격이다. 에어비앤비라는 '기업'은 2500명 이상의 직원으로 구성돼 있고, 그들 대부분은 샌프란시스코에서 근무하고 있다. 하지만 에어비앤비라는 '문화'는 이 땅 위에 살아가는 수백만 명의 사람이 함께 만들어낸 결과다.

지금 이 순간에도 세계 각지의 수많은 사람이 에어비앤비를 이용해 여행하고 있다. 계절의 영향을 많이 받는 비즈니스지만, 이 회사는 2016년 여름에 최대 숙박객 수의 정점을 경신했다. 약 180만 명의 사람이 같은 날 에어비앤비의 숙소에서 하룻밤을 보냈던 것이다. 그러나 이러한 기록적인 수치에도 불구하고 아직까지 에어비앤비의 '시장 침투율'은 현격히 낮은 상태다. 여전히 많은 사람이 에어비앤비를 전혀 들어본 적 없고, 에어비앤비라는 개념을 설명하면 별다른 감흥을 느끼지 못하거나 초창기 투자자들처럼 이상한 아이디어라고 치부해버리기 일쑤이다.

나는 이 책을 쓰는 동안 만나는 사람 모두에게 에어비앤비라는 비즈니스에 대해 소개해줬다. 그런데 사업 아이디어를 설명해줄 때마다 대부분의 사람들이 깜짝 놀라는 표정을 지었다. 그들 중 몇몇은 노골적으로 혐오감을 드러내기도 했다. 가까운 지인 중 한 명은 "난 곧 죽어도 그 서비스는 이용하지 않을 거야"라고 말했다. 또 뉴스 쇼를 진행하기 위해 나를 태우러 온 운전기사는 "남이 사용한 더러운 침대 위에서 잠을 자야 하나요?"라고 말하며 몸서리를 쳤다. 그 역시 에어비앤비를 한 번도 들어본 적 없었는데, 내가 설명을 해주자 고개를 절레절레 흔들며 절대로 이용하지 않겠다고 선을 그었다. 빈대가 창궐할 거라고 말하면서, 도주 중인 살인마일 수도 있는 사람을 어떻게 집 안에 들이겠냐며 반문했다.

물론 그의 말이 맞다. 사실 불미스러운 일도 많이 발생했다. 'EJ

사건'이 대표적이었고, 앞으로도 그런 사건들이 계속해서 일어날 것이다. 그러나 '에어비앤비 현상'을 연구하기 위해서는, 그리고 4차 산업혁명 시대를 맞아 앞으로 펼쳐질 무한한 비즈니스의 세계를 이해하기 위해서는 에어비앤비가 찾아낸 '니즈의 빈틈'을 주목할 필요가 있다. 와이 콤비네이터의 그레이엄이 말했듯이, 사람들이 원하는 것을 만들지 못하면 수많은 고객을 창출해낼 수 없기 때문이다.

사업 초기 몇 년간 에어비앤비는 누군가의 거실이나 빈 침실을 저렴하게 빌려 숙박할 수 있는 서비스로, 밀레니얼 세대가 이용하기에 적합한 웹사이트라고 평가받았다. 하지만 시간이 흐르면서 에어비앤비는 진화했다. 에어비앤비의 진화 과정은 총 세 단계로 나눌 수 있는데, 첫 번째는 '카우치서핑Couch-surfing(소파를 찾아다닌다는 뜻으로 현지인이 여행자에게 소파를 제공하는 일종의 인터넷 여행자 커뮤니티) 단계'로 업계에서 다소 모호하게 분류되는 서비스였다. 두 번째는 '이글루와 성 단계'라고 불리는데, 회사가 이상하고 별난 방식으로 사이트를 알리며 성장이 본격화된 시기다. 세 번째는 '기네스 펠트로 단계'로 사용자와 숙소 리스트가 크게 확장된 시기를 뜻한다. 기네스 펠트로는 2016년 1월 휴가 때 1박에 8000달러인 멕시코 푼타미타 지역의 에어비앤비 숙소를 이용했고, 몇 달 후에는 1박에 1만 달러인 프랑스 코테 드아주르의 빌라를 예약했다.

세 번째 단계는 크게 두 가지의 의미를 갖는다. 하나는 에어비앤비가 매우 까다롭고 세련된 여행객들이 즐겨 찾는 선택지가 됐다는 점이고, 다른 하나는 모든 사람을 대상으로 할 만큼 거대한 플랫폼으로 자리 잡았다는 점이다.

오늘날 에어비앤비에 등록된 숙소의 범위는 전 세계 숙박 시장이 얼마나 다양해졌는지를 단적으로 보여준다. 300만 개의 리스트 모두는 하나같이 독특한 매력을 자랑하고, 각각의 숙소가 갖는 특징의 범위와 경험의 폭은 상상하기 어려울 만큼 넓다. 누군가의 부엌 바닥에 깔아놓은 에어 매트리스 위에서 하룻밤에 20달러를 내고 묵거나, 기네스 펠트로처럼 멕시코의 화려한 빌라에서 일주일에 수만 달러를 지불하고 지낼 수도 있다. 요즘 뉴욕의 에어비앤비 숙소는 1박에 64달러인 아파트 지하실부터 1박에 3711달러인 5층짜리 타운하우스까지 매우 다양하게 분포돼 있다. 파리에서 24달러를 내면 트윈베드와 세면기가 딸린 방 하나를 얻을 수 있고, 8956달러를 내면 개인 정원이 있고 에펠탑이 보이며 VIP 호텔 서비스를 받을 수 있는 3층짜리 아파트에서 하룻밤을 보낼 수 있다.

에어비앤비의 사이트를 스크롤하며 각각의 숙소가 가진 특징과 기발함을 접하다 보면, 잠시나마 일상에서 벗어난 듯한 착각에 빠진다. 사이트에는 프랑스 버건디에 있는 샤토 드 바나이와, 여행객들이 첨탑에서 잠을 잘 수 있는 골웨이(아일랜드의 서부)의 중세 요새 등 약 3000개의 성이 등록돼 있다. 풍차와 수상 가옥은 물론 나무 위에 지은 오두막도 수백 개에 이른다. 이 오두막들은 대체로 사이트에서 인기가 높은 편인데, 위시리스트에 가장 많이 오른 곳은 애틀랜타 인근 숲의 나무 꼭대기에 방 세 개가 차례로 매달려 있는 오두막이다. 이 숙소의 각 방은 밧줄로 만든 다리로 연결돼 있고, 반짝이는 불빛으로 장식돼 있다. 또 에어비앤비의 전체 숙소 리스트 중 가장 인기 있는 곳은 캘리포니아 앱토스 지방에 있는 소박한 버섯 모양의 집 '머쉬룸 돔'이다. 이 숙소는 별 다섯 개를 받았고, 리뷰가 900개 이상 달렸으며, 숙박을 하려면 적어도 6개월 전에 예약을 해야 할 정도다. 이러한 사태를 보며 그레이록 파트너스의 호프만은 이런 말을 남기기도 했다.

"누군가 내게 어떻게 하면 돈을 벌 수 있는지 조언을 구한다면, 근사한 나무 오두막 하나를 지어보라고 말할 것이다. 에어비앤비 사이트에서 그런 오두막들은 몇 개월을 기다려야 할 만큼 대기 예약자가 넘쳐난다."

그 밖에도 말 목장, 복고풍 트레일러, 쇼핑 컨테이너, 마차, 유르트 Yurt(몽골 유목민들의 전통 텐트), 버스, 심지어는 등대까지도 숙소로 등록돼 있다.

시간이 지나면서 에어비앤비는 '문화적인 대화'를 나눌 수 있는 공간으로 자리 잡았다. 2016년 대통령 선거 기간 동안 미국의 잡지 《뉴요커The New Yorker》는 그동안의 대선 후보자들을 에어비앤비의 고객 리뷰처럼 표현한 유머 게시판을 만들었다. 엘 고어Al Gore와 조지 부시George W. Bush가 격돌한 2000년 대선 당시의 질문은 '두 사람 중 누구와 함께 에어비앤비 숙소에서 맥주를 마시고 싶은가?'였다. 그리고 최근 2016년의 대선 질문은 바로 이것이었다.

"도널드 트럼프Donald Trump와 힐러리 클린턴Hillary Clinton 중 누구에게 에어비앤비에 올려놓은 집을 빌려주고 싶은가?"

또 여러 기업들은 자신들의 브랜드로 특이하게 콘셉트를 설정한 숙소를 등록해놓음으로써 에어비앤비를 마케팅 플랫폼으로도 활용하기 시작했다. 2016년 여름에 영화 「도리를 찾아서」를 제작한 픽사Pixar는 주인공 도리와 니모의 자연 서식지와 가장 비슷하도록 그레이트 배리어 리프(호주 북동부 해안에 있는 산호초 지역)에 멋진 뗏목을 만들어놓고 이를 숙소로 등록했다. 이벤트 우승자들이 하룻밤을 묵을 수 있도록 하기 위해서였다.

물론 모든 사람이 나무에 매달린 채 잠을 자거나 15세기에 지어진 고성의 첨탑에서 묵고 싶어 하지는 않는다. 다만, 상상 속에서나 등장할 법한 이런 숙소들은 에어비앤비라는 기업의 이미지를 높여줄 뿐만 아니라, '18가지 동화 같은 에어비앤비의 숙소는 당신의 꿈을 현실로 만들어준다'는 식의 우호적인 기사들이 쏟아져 나오게 하는 원천이 된다.

에어비앤비의 숙소는 세계 곳곳에 퍼져 있고 모든 크기와 형태, 가격대, 그리고 호스트와의 상호 교류 형태를 망라하고 있다. 게스트들은 호스트의 개인적 취향이 고스란히 반영된 집에서 머물거나, 모던한 호텔 객실처럼 느껴지는 숙소를 택할 수도 있다. 호스트와 한 집을 공유하면서 전체 공간을 이용하거나, 호스트가 별채 또는 다른 집에서 생활하는 동안 비어 있는 공간을 택할 수도 있다. 또 게스트와 저녁 식사를 함께할 만큼 교류가 활발한 호스트도 있고, 아예 처음부터 끝까지 눈에 띄지 않는 호스트도 존재한다.

■ ■ "상품이 아닌 인간화 그 자체"

에어비앤비가 하나의 문화로 자리 잡게 된 이유는 무엇일까? 사실 눈에 보이지는 않지만, 알고 보면 매우 중요한 사실 하나가 숨어 있다. 바로 상업화된 대규모 호텔 체인들에 대한 고객들의 불만을 해소시켰다는 점이다. 이는 호텔 업계조차도 인정하는 바다. 2016년 초에 메리어트인터내셔널Marriott International의 CEO 안 소렌슨Arne Sorenson은 한 잡지사와의 인터뷰에서 "20년 전 여행객들은 깨끗하게 정돈된 방과 일관된 서비스를 원했습니다. 그것이 우리 브랜드의 핵심 전략이었죠. 모든 것을 비슷하게 만들고자 했습니다"라고 말했다. 곧이어 그는 이제 여행객들의 요구가 완전히 변했음을 인정했다.

"제가 카이로에서 눈을 뜬다면 지금 카이로에 있다는 사실을 온몸으로 느끼고 싶습니다. 클리블랜드에 있는 방과 똑같이 생긴 공간에서 눈을 뜨고 싶지는 않거든요."

고급스럽게 차려진 코스요리보다 소박한 가정식 음식을 원하는 요즘 트렌드처럼 많은 여행객, 그중에서도 밀레니얼 세대는 조금 엉성하지만 특별한 여행 경험을 더 선호한다. 에어비앤비를 좋아하는 은퇴자와 함께 지낸다거나, 골목으로 난 뒷문을 통해서만 들어갈 수 있는 뉴욕 소호의 멋진 로프트를 독차지할 수 있다면? 혹은 로스앤젤레스의 실버레이크 언덕에 한적하게 서 있는 어느 공예가의 집에서 하룻밤을 보낼 수 있다면? 이처럼 에어비앤비의 숙소는 제각각 다르고 독특하며, 그럼에도 현실에 엄연히 존재한다. 또 기존의 호텔들이 인간적인 정을 잃어버렸을 때 등장하여 여행을 매우 '인간적인 경험'으로 바꿔놓았다. 이러한 점 때문에 호프만은 에어비앤비가 주는 경험을 일컬어 "상품이 아닌 인간화 그 자체"라고 평가했다.

공간 자체뿐만 아니라 에어비앤비가 여행객들에게 선사하는 선택지 역시 무척 파격적이다. 이 회사는 일반적인 호텔과 관광지가 아닌, 보통은 찾아가지 않을 법한 도시의 변두리와 틈새 지역에 묵도록 우리를 안내한다. 이것이야말로 에어비앤비가 내세우는 가장 강력하고 똑똑한 마케팅 '미끼'다. 대도시의 호텔들은 주로 상업 지역에 몰려 있다. 반면 가로수가 늘어선 브룩클린의 벽돌집이나, 실제 프라하 사람들이 사는 거주 지역에 머물 수 있다는 것은 참신한 콘셉트이고 매력적으로 느껴지기까지 한다. 이러한 경험을 할 수 있는 기회는 과거 크레이그리스트나 지역 게시판을 통해서도 종종 소개가 됐지만, 에어비앤비는 본격적으로 시장을 활짝 열어젖혔다. 언제나 접근이 가능하고, 빠르며, 사용자 편의적인 플랫폼을 만들어 수백만 명의 사람들을 끌어들였다.

나는 2016년 봄에 워싱턴으로 여행을 갔다. 개인적으로는 고급 호텔을 선호하는 터라 1년에 한 번씩은 꼭 조지타운의 포시즌스 호텔에서 묵곤 한다. 하지만 그때는 호텔 대신 에어비앤비를 이용하기로 했다. 전망 좋은 정원 사이로 좁은 돌길이 나 있으며, 유서 깊은 지역에 위치한 100년 된 오두막집을 선택했다. 결과적으로 나는 여전히 포시즌스 호텔을 더 좋아한다. 그럼에도 그 집은 에어비앤비가 왜 그렇게 파격적이고 놀라운 네트워크 효과를 불러일으켰는지를 나에게 생생히 각인시켜줬다. 에어비앤비는 덜 상업화되어 있지만, 훨씬 더 독특하다. 넓은 간선 도로 주변이나 호텔들이 밀집된 상업지역과는 거리가 멀지만, 그곳에 사는 사람들만이 누리는 도시의 일부를 체험할 수 있다. 에어비앤비의 광고처럼, 관광객이 아닌 '현지인'이 된 것 같은 기분을 느끼게 해준다. 모든 사람에게 에어비앤비가 항상 옳은 선택지는 아니겠지만, 여전히 에어비앤비를 이용해 여행하고 싶어 하는 사람들이 계속 늘어나고 있다. 나는 워싱턴을 여행한 이후부터 여행 계획을 세울 때마다 나도 모르게 에어비앤비 숙소를 검색하곤 했다.

■ ■ '어디에서나 우리 집처럼' 느끼는 여행의 시작

2013년에 에어비앤비는 자신들의 플랫폼을 독특하게 만든 요소들을 분명히 정리하기 위해 미션과 사업의 무게 중심을 재설정하기로 결심했다. 그해 초 커뮤니티 총책임자로 합류한 더글라스 애트킨Douglas Atkin의 주도 하에 세 창업자들은 '우리 집처럼Belong'이라는 하나의 개념을 중심으로 회사의 미션을 집중시켜야 한다는 점을 깨달았다. 소비자와 브랜드 간의 관계를 연구한 전문가이자 『왜 그들은 할리와 애플에 열광하는가?(원제: The Culting of Brands)』의 저자인 애트킨은 몇 개월 동안 전 세계의 에어비앤비 사용자 500명을 집중적으로 연구한 끝에 이러한 결론에 도달했다. 이에 따라 에어비앤비는 "전 세계 사람들을 '어디에서나 우리 집처럼' 느끼도록 한다"는 새로운 미션을 설정했다. 그리고 다홍색을 회사의 새로운 상징적 컬러로 설정하고, '벨로Bélo'라는 로고를 만들었다. 벨로는 사람을 나타내는 모양과 위치를 표시하는 핀, 심장 모양과 에어비앤비의 앞 글자 'A'에서 착안해 세심하게 구상된 로고다. 즉, 벨로는 사람, 장소, 사랑, 에어비앤비라는 네 가지 가치를 상징한다. 그러면서 동시에 단순하게 디자인함으로써 누구나 쉽게 따라 그려볼 수 있도록 했다. '벨로'라는 이름은 코카콜라Coca-cola에서 이직한 최고마케팅책임자 조나단 밀덴한Jonathan Mildenhall이 붙였다. 밀덴한은 '어디에서나 우리 집처럼'이라는 개념을 내부적인 미션 선언문에서 회사의 공식적인 구호로 확장해야 한다고 강하게 주장했다.

2014년 6월, 에어비앤비는 본사에서 대규모로 론칭 행사를 열어 모바일 애플리케이션과 웹사이트의 디자인 개선을 포함한 전반적인 리브랜딩(브랜드 쇄신) 계획을 발표했다. 체스키는 이러한 글로 에어비앤비의 새로운 시작을 알렸다.

> 먼 옛날, 지금의 여러 도시들은 작은 마을이었다. 하지만 대량생산
> 과 산업화가 이루어지면서 그러한 인간적인 느낌은 '대량생산되고
> 인간미 없는 여행'으로 대체됐다. 그에 따라 사람들은 서로를 신뢰
> 하지 않기 시작했다.
> 에어비앤비는 여행보다 훨씬 더 큰 무언가를 상징할 것이다. '커뮤
> 니티'와 '관계'를 상징할 것이고, 기술을 통해 사람들을 '연대'시킬
> 것이다. 에어비앤비는 사람들이 '어디에서나 우리 집처럼' 느끼고
> 자 하는 보편적인 갈망을 만족시키는 공간이 될 것이다.

더불어 에어비앤비는 리브랜딩을 시작하면서 그들 스스로에 대
해 다음과 같이 말했다.

> 에어비앤비는 다른 브랜드와는 다르다. 독특한 개성을 지닌 개개인
> 이 공통된 가치를 중심으로 모인 커뮤니티이기 때문이다. 우리 커
> 뮤니티에 속한 모든 이들은 '소속감'이라는 가치를 추구함과 동시
> 에 각자 다른 방법으로 이 가치를 받아들이고 해석하고 경험한다.
> 이 때문에 동일한 가치 안에 다양한 스토리가 존재하는 것이다.

그로부터 한 달 후인 7월 17일, 에어비앤비는 웹사이트 회원들에
게 "우리가 할 이야기가 있는데 다 같이 와서 들어주면 좋겠어"라는

말로 시작하는 이메일을 보냈다.

체스키와 게비아, 블레차르지크는 37분 동안 고객들과 화상채팅을 하며 그들의 리브랜딩 계획에 관한 이야기를 나눴다. '우리 집처럼'이라는 일종의 소속감을 고객에게 일방적으로 전달하는 게 아니라, 리브랜딩 과정에 진짜로 소속시킴으로써 일체감을 느끼게 했던 것이다.

고객들은 에어비앤비의 새로운 콘셉트를 열렬히 환영했다. 반면, 언론들은 회의적인 반응을 드러냈다. 테크크런치는 그들의 새로운 미션을 일컬어 '히피적인 콘셉트'라 불렀고, 다른 언론들은 '우리 집처럼'이라는 콘셉트가 따뜻한 말이지만 동시에 모호하기도 해서 과연 사람들을 이끌 수 있을지 의문이라고 평가했다. '벨로' 역시 선보이자마자 혹독한 신고식을 치렀다. 언론들은 로고의 모양이 가슴이나 엉덩이, 심지어는 생식기로 보인다며 풍자를 늘어놓기 시작했다.

물론 당시에는 나 역시 매우 회의적이었다. '우리 집처럼'이라는 콘셉트를 듣자마자 귀를 의심할 수밖에 없었다. 처음 들었을 땐 '임대한 공간에서 꼭 호스트와 함께 시간을 보내야 한다는 뜻인가?'라고 생각했다. 나는 에어비앤비를 몇 차례 이용하면서 분명 호스트를 만나거나 본 적이 없었고 또 그러고 싶지도 않았다. 그저 돈을 아끼고 싶은 마음뿐이었다.

하지만 에어비앤비의 리브랜딩 맥락에서 볼 때 '우리 집처럼'이라는 콘셉트는 호스트와 함께 무언가를 해야 한다는 의미가 아니었다. 그들이 구상한 이 말의 의미는 훨씬 더 큰 개념이었다. 호스트와 관계없이 에어비앤비가 없었다면 가보지 못했을 지역으로 발을 들여놓는다는 것, 여행자로서 보통은 머물지 않을 법한 지역과 장소에 가본다는 것, 누군가의 공간에서 뒹굴며 잠든다는 것, 오직 나를 위해 준비한 경험을 즐긴다는 것을 의미했다. 2016년 봄에 처음 에어비앤비를 이용하고 몇 개월 후, 나는 민주당 전당대회가 열리는 동안 필라델피아에 있는 숙소를 에어비앤비로 예약했다. 리텐하우스 광장에 있는 허름한 아파트의 문을 조심스럽게 열어본 순간, 나는 새로운 광경에 마음이 편안해졌다. 높은 천장과 크고 무거운 문들, 책으로 가득한 벽, 아기자기하고 미니멀한 장식, 벽난로 위에 매달려 반짝이는 전구들, 나와 비슷한 취향을 가진 듯한 호스트의 책들부터 그녀가 개어놓은 수건들, 나에게 쓴 손 편지까지 나는 그녀의 모든 공간을 사랑했고 온전히 즐길 수 있었다.

뉴욕 대학교 교수 아룬 순다라라잔은 에어비앤비의 새로운 미션에 대해 이렇게 이야기했다.

"에어비앤비에서 묵는다면 설령 그곳에서 호스트를 만나지 못한다고 해도 인간다운 정을 느낄 수 있다. 그곳은 친밀한 장소다. 호스트가 모아놓은 예술 작품, 그가 준비한 수건과 시트, 그의 결혼사진을 통해 우리는 호스트와 연결된다. 그리고 그것은 대량생산화된 시대에 우리가 잃어버린 무언가를 떠올리게 한다."

언론이 에어비앤비에 대해 뭐라고 떠들어대든지 간에 사용자들은 '어디에서나 우리 집처럼'이라는 미션을 완벽하게 수용했다. 그 후 몇 개월 동안 8만 명이 사이트에 접속하여 자신만의 로고 그림을 업로드했다. 이러한 에어비앤비의 '소비자-브랜드 참여율'은 기존의 거대 브랜드 기업들을 훨씬 뛰어넘었다.

이때에 이르러 에어비앤비의 사용자 기반도 놀랍게 진화했다. 에어비앤비의 초기 사용자들은 가성비 높은 거래에 민감하고 돈이 궁한 밀레니얼 세대였다. 하지만 이후부터 그들의 사용자 인적 구성은 확장되기 시작했다. 물론 밀레니얼 세대는 여전히 회사의 핵심 타깃이고 지금도 그러하다. 그들은 "무슨 일이 있어도 나는 코첼라(미국 캘리포니아 주 인디오에서 매년 봄에 열리는 음악 축제)에 갈 수 있어. 에어비앤비할 거니까"라며 에어비앤비를 하나의 동사로 사용하고 있다(이 말은 '비용은 문제되지 않아. 그곳에 묵을 방법이 있을 테니까'라고 해석된다). 하지만 에어비앤비의 서비스가 점차 성숙해짐에 따라 사용자 기반은 크게 확산됐다. 게스트의 평균 연령은 35세이고, 3분의 1이 40세 이상이다. 호스트의 평균 연령은 43세이지만, 현재는 60세 이상 사람들이 호스트 연령 분포에서 가장 빠르게 증가하고 있다.

■ ■ 힙스터 유목민의 탄생

에어비앤비를 이용하는 핵심 유저는 누구일까? 넓게는 밀레니얼 세대지만, 가장 핵심적인 사용자는 '유목민'이라 일컬어지는 소수의 세계 일주 여행자들이다. 몇 년 전에 다큐멘터리 영화 제작자 데이비드 로버츠David Roberts와 예술가인 그의 아내 엘레인 쿠웍Elaine Kuok은 방콕에서 뉴욕으로 거처를 옮기면서 한 달에 한 번씩 에어비앤비를 이용해 색다른 지역에서 살아보기로 결심했다.

그들의 이야기는 언론에 소개되면서 큰 관심을 모았지만, 사실 이는 예전부터 하나의 트렌드로 자리 잡았다. 미국의 여성 창업자 프레르나 굽타Prerna Gupta는 테크크런치에 쓴 기사에서 이러한 현상에 대해 '힙스터 유목민의 탄생'이라는 이름을 붙였다. 굽타는 남편과 함께 세계를 여행하기 위해 실리콘밸리에서의 피 말리는 경쟁에서 탈출했다. 그들은 갖고 있던 물건 대부분을 처분하고 나머지는 창고에 넣어둔 채 2014년 내내 코스타리카, 파나마, 엘살바도르, 스위스, 스리랑카, 인도, 크레타 등을 에어비앤비로 여행했다.

광고 제작 감독인 케빈 린치Kevin Lynch 역시 아내와 딸을 데리고 4년 전에 시카고에서 상하이로 이사를 했다. 회사는 그에게 중국 시장은 물론 홍콩 시장까지 담당해줄 것을 요청했는데, 그는 에어비앤비를 통해 홍콩의 모든 곳을 경험하기로 결심했다. 그는 지금까지 총 136개의 서로 다른 숙소에서 지냈으며, 새롭고 낯선 장소를 찾아다니는 일이 '모험심'을 갖게 해준다고 말했다.

앞서 소개한 '힙스터 유목민'들은 마이클 캠벨Michael Campbell과 데비Debbie 부부에 비하면 아무것도 아니다. 시애틀 출신인 두 사람은

2013년에 여행 가방 두 개에 들어갈 물건만 남긴 채 살림살이 모두를 창고에 넣었다. 그러고는 집을 임대한 뒤 유럽으로 '은퇴'했다. 그들은 지난 4년 동안 에어비앤비 숙소에서만 지냈으며, 2016년 가을까지 56개 국가의 125개 숙소를 방문했다. 이런 중대한 결심을 하기 전에 꼼꼼히 비용을 따져보았는데, 쓸데없는 지출을 줄인다면 시애틀에 사나 에어비앤비를 이용해 여행을 하나 비슷한 돈이라는 결론에 도달했다.

이를 위해 캠벨 부부는 세심하게 지출을 관리했다. 그들이 정한 숙박 예산은 1박에 90달러였다. 예루살렘과 같은 도시에서는 기준을 초과했지만, 불가리아나 몰도바처럼 저렴한 도시에서는 예산을 절약했다. 외식을 최소화하고 저녁 시간을 숙소에서 즐기기 위해 커다란 식탁과 깨끗한 주방, 와이파이가 잘 갖춰진 숙소 위주로 선택했다. 한번 머물면 평균 9일을 지냈는데, 그들은 3~4주 전에 미리 다음 숙소를 예약한 뒤 호스트와 가격을 협상했다.

"마구 쓰면 비상금까지 까먹게 되죠. 지난 4년간 우리는 휴가를 즐기지 않았습니다. 그저 다른 사람의 집에서 매일 '생활'했을 뿐입니다."

캠벨 부부는 에어비앤비를 통해 많은 친구를 사귀었다. 마드리드의 호스트는 그들에게 크리스마스카드를 보내줬고, 사이프러스의 호스트는 니콜시아를 구경시켜주고 검문소를 통과할 수 있도록 도와줬다. 아테네의 호스트는 그들에게 그리스식 바비큐를 대접했고, 다른 호스트는 자신의 오토바이에 태워 월드컵 예선 경기가 열리는 경기장을 안내해줬다.

2015년 여름, 캠벨 부부는 시애틀의 집을 공식적으로 매각했다. 그들은 에어비앤비를 통해 전 세계를 여행하는 일이 언제까지 지속될 수 있을지 확신하진 못했지만, 그럼에도 그만두지 않기로 결심했다. 2015년에 열린 '에어비앤비 오픈' 행사에서 남편 마이클은 이렇게 말했다.

"우리는 부자가 아니지만 넉넉합니다. 우리는 늘 배우려고 하는 사람들입니다. 저는 71세이고 아내는 60세지만 우리는 건강하고 늘 호기심으로 가득 차 있습니다."

그들은 자신들의 모험담을 '시니어노마드닷컴seniornomads.com'에 연재하고 있다.

예상대로 그들의 이야기는 많은 반향을 불러일으켰다.《뉴욕타임스》에 실린 캠벨 부부의 기사는 그 주에 가장 많이 퍼진 글로 선정됐고, 기사가 나간 후에는 비슷한 연령대의 많은 사람들로부터 용기를 얻었다는 감사 인사를 듣기도 했다. 캠벨 부부의 장남 가족은 그들의 발자취를 그대로 따랐다. 그와 아내는 두 아이의 학업을 1년간 중단하고 전 세계로 여행을 떠났다. 그들은 스스로를 '주니어 유목민'이라고 부른다.

■ ■ 300만 개의 숙소를 통제하는 법

사실 에어비앤비라는 생태계를 유지하는 집단은 게스트들이 아닌 '호스트들'이다. 기본적으로 에어비앤비는 여행객들에게 숙소를 제공하는 플랫폼이므로 집을 내놓을 호스트가 없다면 에어비앤비라는 서비스 자체가 존재할 수 없다. 하지만 수많은 사람에게 자신의 가장 개인적인 공간을 오픈하여 '시민 호텔리어'가 돼달라고 동의를 구하는 일은 정말로 어려운 요청이다.

더불어 공간 제공에 대해 호스트와 계약을 맺는 것만으로 끝나는 일이 아니다. 에어비앤비는 게스트들에게 만족할 만한 경험을 선사하기 위해 호스트들이 '알아서 노력하도록' 만들어야 한다. 숙소 리스트의 수는 세계 최대 규모를 자랑하지만, 이 회사는 그 어떤 숙소도 소유하지 못할 뿐만 아니라 숙소를 제공하는 자(호스트)의 행동을 통제하지도 못한다.

세 창업자들 역시 이러한 사실을 잘 알고 있었다. 그러던 중 체스키는 『매슬로에게 경영을 묻다(원제: Peak: How Great Companies Get Their Mojo from Maslow)』라는 책을 읽었다. 책의 저자인 칩 콘리Chip Conley는 부티크 호텔 체인 업체 '주아 드 비브르Joie de Vivre'의 창립자로서 1987년에 샌프란시스코에서 사업을 시작했다. 그는 자신의 회사를 38개의 부티크 호텔을 거느린 거대 그룹으로 성장시켰고, 2010년에 지분 대부분을 매각했다. 시간이 지나면서 콘리는 경영학의 구루로 떠올랐다. 이 책에서 그는 심리학자 에이브러햄 매슬로Abraham Maslow가 주창한 개념인 '인간 동기 욕구의 5단계'를 회사와 직원들에게 어떻게 적용시켰는지, 그래서 9·11 테러의 위기와 닷컴의 부상으로부터 어떻게 회사를 구해냈는지를 설명했다. '인간 동기 욕구의 5단계'란 인간이 최대의 잠재력에 도달하기 위해 반드시 만족시켜야 할 신체적·심리적 욕구 피라미드를 말한다. 체스키는 여기에서 비즈니스와 호텔 산업을 이끄는 비결을 발견했고, 콘리가 자신과 같은 이상주의자라는 느낌을 받았다. 체스키는 주저 없이 콘리에게 연락을 했고, 에어비앤비를 방문해 직원들에게 숙박 산업에 대한 강의를 해달라고 요청했다.

콘리의 강의가 끝난 후 체스키는 그에게 회사의 숙박 서비스 개선을 주도하는 상임 임원직을 수행해달라고 부탁했다. 52살에 조기 은퇴한 그는 이 제안을 거절했지만, 끝내 컨설턴트로서 일을 돕겠다고 승낙했다. 그는 체스키에게 일주일에 8시간만 에어비앤비를 위해 쓸 수 있다고 말했다.

콘리가 일을 시작하기 전날, 체스키는 다시 한 번 그에게 일하는 시간을 두 배로 늘려 일주일에 15시간을 일해 달라고 설득했지만, 역시나 그는 제안을 거부했다.

"8시간만 일해도 괜찮겠다는 생각을 했습니다. 하지만 몇 주 지나지 않아 하루에 15시간을 일해도 모자라겠다는 사실을 깨달았죠."

그렇게 콘리는 2013년 가을, 숙박 서비스 전략을 책임지는 상임 임원이 되어 에어비앤비에 합류했다. 그는 철저하리만큼 민주화된 숙박 서비스로 거대 시장에 도전하는 에어비앤비에 매료되어 임원 자리를 수락했다고 말했다.

콘리는 에어비앤비의 호스트들에게 접객 노하우를 전달하는 데에 주력했다. 그는 25개의 도시를 여행하면서 호스트들과 이야기를 나눴고, 보통 사람들도 '숙달된 여관 주인'과 같은 모습을 드러낼 수 있도록 호스팅 요령을 알려줬다. 그는 숙박 서비스 교육 체계를 수립하고 표준을 정립했으며, 호스트들이 각자의 성공 사례를 공유할 수 있도록 블로그와 뉴스레터, 온라인 커뮤니티를 개설했다. 또 경험 많은 호스트들이 신규 호스트들을 도와줄 수 있도록 멘토링 프로그램을 개발했다.

현재 에어비앤비가 문서로 정리하여 시행하고 있는 여러 가지 규칙 중에는 '예약 요청에는 24시간 이내로 응답하라'는 조항이 들어있다. 또 '게스트를 들이기 전에 호스트 본인이 자신의 스타일과 게스트의 여행 계획이 일치하는지를 확인하라'는 내용도 있다. 예를 들어 게스트는 호스트와 함께 지낼 수 있는 숙소를 찾고 있는데 호스트는 집을 비우고자 한다면 이는 적절한 조합이 아닐 것이다. '자주 소통하고 상세한 지침을 제공하라', '이용 규칙을 분명하고 자세하게 정하라(여행객이 신발을 벗고 집에 들어와야 한다거나 흡연을 해서는 안 된다는 등)', '모든 방을 깨끗이 청소하되 화장실과 부엌은 특히 더 신경 써라', '침구와 수건은 반드시 세탁하라' 정도가 호스트에게 주어지는 기본적인 지침이다. 만약 그보다 더 많은 서비스를 제공하고 싶다면 공항에서 내린 여행객을 자동차로 픽업하거나, 환영 편지를 남기는 방법도 있다. 콘리는 "게스트가 머무는 동안 그곳에 있지 않더라도 기본적인 지침은 모두 지켜야 한다"는 원칙을 철저히 교육하고 있다.

물론 그렇다고 하여 에어비앤비가 이러한 지침들을 호스트에게 강제할 수는 없다. 그래서 숙박 후 호스트와 게스트가 서로를 평가할 수 있도록 독려하는 '쌍방 리뷰 시스템'을 운영하여 약점을 보완하고 있다. 양측 모두 사이트 내에서 자신의 평판을 높이고자 하기 때문에 실제로 리뷰 참여율은 상당히 높은 편이다. 숙박 건수의 70퍼센트 이상이 리뷰를 받는데, 어느 정도 점수의 인플레이션은 있겠지만, 양측 모두를 통제하는 데에는 꽤 효과가 높다.

세 창업자들은 특정 호스트의 숙소를 상단에 노출시켜주는 기능이 매우 가치 있는 장치라는 점을 잘 알고 있었다. 이는 호스트에게 강력한 보상 메커니즘으로 작용되기 때문이다. 그래서 게스트에게 긍정적인 경험을 제공하여 좋은 평가를 받은 호스트들은 검색 결과에서 상단에 노출되고, 더 많이 노출됨으로써 예약 건수를 늘릴 수 있다. 반대로 예약 요청을 자주 거절한다든지 너무 늦게 응답하는 호스트들에게는 강력한 벌칙이 적용된다. 검색 결과에서 후순위로 밀려남은 물론 계정이 비활성화되기도 한다.

이와 더불어 세 창업자들은 '슈퍼 호스트'라는 당근을 적절히 활용했다. 게스트를 10회 이상 유치하고, 90퍼센트 이상의 응답률을 유지하며, 별 다섯 개 만점을 80퍼센트 이상 받고, 예약 취소가 거의 없는 호스트들에게는 '슈퍼 호스트'라는 지위를 부여한다. 이 지위를 얻으면 숙소 리스트에 특별한 로고가 달리고, 높은 순위로 뛰어오르며, 전용 고객지원 부서의 도움을 받고, 새로운 제품을 미리 경험하고 각종 행사에 참여할 수 있는 기회를 얻는다. 현재 슈퍼 호스트는 20만여 명에 달하고, 이러한 에어비앤비의 보상 기반 생태계는 매우 잘 운영되고 있다. 에어비앤비는 슈퍼 호스트라는 지위를 부여함으로써 그들을 직접적으로 통제하지 않아도 서비스의 질을 끌어올리는 효과까지 톡톡히 누리고 있다.

■ ■ 공유경제 시대, 호랑이 등에 올라탄 신흥 강자들

호스트 커뮤니티의 급속한 성장은 시트 교체, 베개 정돈, 객실 정리, 열쇠 교환, 자산 관리, 미니바 제공, 세무 및 데이터 분석 등 그들에게 부가적인 서비스를 지원하는 관련 산업의 스타트업들을 성장시키는 데에도 활력으로 작용했다. 이렇게 생겨난 기업들은 에어비앤비라는 골드러시Goldrush(19세기 미국에서 금광이 발견된 지역으로 사람들이 몰려든 현상)에 동참한 '단순 노동 공급업자'였다. 그리고 이를 설립한 대부분의 사람들은 에어비앤비의 운영 프로세스 어딘가에서 니즈와 빈틈 혹은 고충을 발견한 실제 에어비앤비 사용자들이었다. 호스트들을 위한 전문 관리 서비스 업체인 '게스티Guesty'는 이스라

엘의 쌍둥이 형제가 창업한 가장 큰 스타트업 중 하나다. 호스트가 게스티에게 에어비앤비 계정에 접속할 수 있는 권한을 주면, 게스티는 예약 관리, 게스트와의 소통, 예약 캘린더 업데이트, 청소 도우미와 기타 서비스 제공자들과의 일정 조율을 대신해주고 3퍼센트의 수수료를 받는다. 샌프란시스코에 본거지를 둔 '필로우Pillow'라는 회사는 숙소를 등록하고, 청소 도우미를 고용하고, 열쇠를 관리하며, 최적의 가격 결정을 위한 알고리즘을 제공한다. '아너탭HonorTab'이라는 회사는 에어비앤비 숙소에 미니바를 운영할 수 있도록 해주며, '에버북트Everbooked'는 에어비앤비 호스트에게 가격을 결정할 수 있는 도구를 제공하는 자칭 수익 관리의 괴짜가 설립한 회사다.

에어비앤비의 호스트들을 가장 성가시게 하는 일 중 하나는 바로 게스트에게 열쇠를 건네주는 일이다. 특히 호스트가 직장에 다니거나 게스트가 탄 비행기가 연착될 때면 게스트의 도착 시간에 맞춰 열쇠를 주기가 매우 번거로워진다. 스탠포드 경영 대학원을 졸업한 뒤 밴쿠버에서 금융업에 종사하던 클래이튼 브라운Clayton Brown은 2012년부터 출장을 다닐 때마다 에어비앤비에 자신의 아파트를 올렸는데, 열쇠를 주고받는 과정이 가장 큰 갈등 요인임을 알아차렸다. 그는 청소 도우미를 아파트에 대기시켜 열쇠를 건네주도록 했는데, 한번은 게스트가 탄 비행기가 늦게 도착하는 일이 발생했다. 청소 도우미는 그냥 집으로 가버렸고 게스트는 열쇠를 받기 위해 택시를 잡아타고 먼 교외에 있는 청소 도우미의 집까지 가느라 짜증이 이만저만이 아니었다. 이때를 회상하며 브라운은 이렇게 말했다.

"저는 이 문제를 심각하게 생각했습니다. '더 좋은 방법이 있어야 해. 에어비앤비가 미친 듯이 빠르게 성장하고 있는 상황이니까 무언가 대책이 필요해'라고 말이죠."

2013년에 그와 파트너는 동네 카페, 술집, 체육관을 해당 지역의 열쇠 교환소로 지정하는 회사 '키카페Keycafe'를 창업했다. 호스트는 한 달에 12.95달러의 금액을 내고 키카페가 갖추어놓은 무인 단말기를 이용할 수 있다(여기에 한 번 픽업할 때마다 1.95달러의 수수료가 더해진다). 여행자들은 키카페의 애플리케이션을 통해 고유 접근 코드를 원격으로 받아 그 코드로 무인 단말기를 열어 열쇠를 받을 수 있다. 호스트는 언제 게스트가 열쇠를 받아가고 반납하는지를 통보받을 수 있어서 좋고, 무인 단말기가 설치된 카페나 술집 등은 유동 인구를 유발시킬 수 있어서 좋았다.

키카페는 에어비앤비가 미처 해내지 못한 서비스를 고객들에게 제공할 뿐이지만, 현재는 가장 강력한 '결합 나사'로서 역할을 다하고 있다. 이로써 브라운은 다른 부가 서비스 업체들보다 훨씬 더 많은 300만 달러의 수입을 올렸다. 브라운은 "에어비앤비의 기업가치와 규모는 이미 놀라울 만큼 성장했습니다. 그렇기 때문에 벤처라는 세계에서 에어비앤비는 우리 같은 신출내기 창업자들에게 연극 무대인 셈입니다"라고 말했다.

■ ■ 에어비앤비를 특별하게 만드는 힘,
   인간적 유대감

에어비앤비가 '어디에서나 우리 집처럼'이라는 미션을 발표하고 4개월이 지났을 무렵인 2014년 11월, 체스키는 애트킨을 다시 찾았다. 그는 이 미션을 무척이나 좋아했다고 말하면서, 이것이 앞으로의 100년을 위한 회사의 슬로건이 될 것이라고 칭찬했다. 하지만 그의 머릿속에는 여전히 몇 가지 의문이 남아 있었다. 이 미션이 진짜로 의미하는 게 무엇일까? 어떻게 그것을 측정할 것이며 어떻게 해야 진정으로 이루어질까? 그는 의문에 대한 해답을 규명하기 위해 또 한 번 애트킨을 전 세계로 보내 호스트들을 만나보게 했다. 애트킨은 300여 명의 사용자들과 이야기를 나누고 돌아왔다. 그의 손에는 체스키가 그토록 알아내고 싶어 했던 해답이 들어 있었다.

'어디에서나 우리 집처럼'이라는 말은 그저 한 순간의 느낌이 아니다. 이는 에어비앤비로 여행을 할 때 사람들이 경험하는 일종의 '변화'였다. 회사는 이것을 '어디에서나 우리 집처럼 느낄 수 있는 변화의 여정'이라는 말로 성문화했다. 이를 테면 이런 식으로 풀이할 수 있다.

'여행객이 자신의 집을 떠나면 외로움을 느낀다. 하지만 에어비앤비를 통해 여행하면 호스트로부터 환대받는 느낌을 받는다. 그는 자신의 집에 있을 때와 같은 안전함을 경험한다. 이로써 그는 더 자유롭고, 더 나아지며, 더 완벽해진 자아가 된 듯한 인상을 받고 궁극적

문화를 창조하는 법

으로는 자신의 여행이 완벽하다고 생각하게 된다.'

사실 '어디에서나 우리 집처럼'이라는 말은 에어비앤비식 용어다. 보통 사람들에게는 이상하게 들릴지도 모르겠지만, 체스키와 애트킨은 이것이 에어비앤비가 본래 존재했던 비즈니스 모델을 한 단계 도약시킨 가장 큰 원동력이라고 굳게 믿는다. 이 비전을 열렬히 수용하는 에어비앤비의 독실한 '신자'들 사이에서는 일종의 컬트적인 숭배 분위기까지 나타나고 있다(애트킨이 만난 아테네의 호스트는 침실 벽에 페인트로 '어디에서나 우리 집처럼'이라는 문구를 써놓았고, 한국에서 만난 호스트는 자신의 이름을 '저희 집에 오신 것을 환영합니다'라는 뜻으로 개명하기도 했다). 하지만 에어비앤비가 일반적인 여행객들을 위한 '완전한 변화의 여정'이든 아니든, 그들은 단순히 저렴하고 언제든 이용이 가능하며 독특한 공간에서 묵는다는 즐거움 이상의 서비스라는 인식을 확고히 심어줬다. 에어비앤비는 분명 여행을 넘어 더 크고 깊은 무언가를 건드리고 있는 것이다.

타인으로부터 받은 몇 통의 메시지, 잘 개어놓은 수건, 따뜻한 환영 엽서까지 우리가 일상에서는 경험하기 어려운 인간적인 정은 바로 에어비앤비가 '공유경제'라는 틀에 속한 여타의 기업들과 차별화되는 가장 큰 강점이다. 에어비앤비의 핵심 사업은 호스트의 집을 방문하여 그의 침대에서 잠을 자고 그의 화장실을 이용하는 등 인간이 경험할 수 있는 최고 수준의 친밀함과 상호 관계를 기반으로 한다(물론 이런 친밀감이 에어비앤비를 불편하게 만드는 요소가 되기도 한다). 이러한 '인간적인 공유'는 전기 누전을 고치려고 태스크래빗 Taskrabbit(단기 아르바이트 중개 서비스)에서 엔지니어를 찾거나, 에어컨이 달린 누군가의 자동차를 스마트폰으로 호출할 때는 결코 느낄 수 없다. 즉, '친밀감'은 에어비앤비를 우버나 리프트Lyft(미국의 자동차 승차 공유 애플리케이션)와 같은 기타 공유경제 기업들과 구별시키는 핵심 요소다. 한번은 그레이록 파트너즈의 마케팅 담당 파트너인 엘리사 쉬라이버Elisa Schreiber와 이러한 이야기를 나눈 적이 있는데, 그녀는 에어비앤비만의 차별성에 대해 간단명료하게 요약했다.

"우버는 거래 지향적인 기업입니다. 반면, 에어비앤비는 인간 지향적인 기업입니다."

제4장

예상치 못한
최악의 위기

—

한 걸음 내딛기 위해
치러야 했던
값비싼 대가와 시련들

"
모든 사람이 원하는 것을 만들어냈다면
어떤 어려움도 분명 해결할 수 있습니다.
"

– 마이클 세이벨

물론 인간적인 정이라는 게 항상 좋게만 나타날 수는 없다. 그래서 이상주의로 충만한 에어비앤비의 약속에는 여전히 미심쩍은 한 가지 의문이 남는다.

'어떻게 낯선 사람들을 한데 묶고도 불미스러운 일이 일어나지 않도록 할 수 있을까?'

세상에는 좋은 사람도 있는 반면, 아주 나쁜 사람도 있기 마련이다. 더불어 한 번도 본 적 없는 낯선 사람에게 집 열쇠를 넘겨주어야 하는 이들의 비즈니스는 나쁜 사람들을 유혹하기에 손색이 없다. 그렇다면 그런 사람들이 에어비앤비로 몰려들지는 않았을까? 실제로 몇 명은 그러했다. 때로는 의도치 않은 우발적인 실수가 심각한 결과로 이어진 적도 있다. 전체적으로 볼 땐 극히 드물지만, 이러한 사고들은 '대규모 홈셰어링'이라는 신세계의 일부임에 틀림없고 동시에 에어비앤비의 역사에 매우 중요한 시사점을 남겼다.

2011년에 벌어진 'EJ 사건'과 같은 일들을 계기로 에어비앤비는 '상호 신뢰'라는 가치를 위협하는 극단적인 폭력들을 어떻게 처리해야 하는지에 대해 중요한 교훈을 얻었다. 그러나 여전히 에어비앤비를 악용할 방법은 많고, 지금껏 가장 충격적이었다고 손꼽히는 사건들은 엄청난 사회적 파장을 불러일으켰다.

2015년 봄, 캐나다 캘거리에 사는 킹King 부부는 한적한 세이지힐 주거 단지에 위치한 방 세 개짜리 집을 에어비앤비로 임대했다. 임대 기간이 끝날 무렵, 한 이웃이 그들에게 전화를 걸어와 경찰이 그들의 집 앞에 와 있다는 소식을 전했다. 킹 부부가 서둘러 달려가 보니 집은 완전히 파괴되어 있었다. 추후에 경찰이 밝힌 발표에 의하면 '마약 파티' 때문이었다. 파괴의 정도는 EJ가 당한 것보다 훨씬 더 심각했다. 가구는 부서졌고 예술품은 크게 훼손됐다. 집 안에는 쓰다 버린 콘돔과 쏟아진 술병, 담배꽁초와 같은 쓰레기가 굴러다녔고, 바비큐 소스와 마요네즈가 사정없이 뿌려져 있었으며, 치킨 조각 몇 개가 이 신발 저 신발에 꽂혀져 있었다. 경찰은 정체를 알 수 없는 액체를 발견하고는 집 전체에 출입통제선을 두르고 하얀색 옷과 마스크를 착용한 채 조사에 나섰다. 킹 부부는 CBS(미국의 거대 라디오, 텔레비전 방송사)와의 인터뷰에서 이렇게 말했다.

"우리는 잿더미가 되도록 집을 태워버리고 싶은 심정이었습니다. 마루를 뜯어내고 벽에 페인트를 칠하고 천장을 복구하는 데 6개월이나 걸렸지만 물건 대부분은 구제받을 수 없었죠."

얼마 지나지 않아 같은 해 여름에도 불미스러운 사건이 발생했고, 《뉴욕타임스》는 이를 대서특필했다. 매사추세츠에 살던 19살 소년 제이콥 로페즈Jacob Lopez는 에어비앤비를 이용해 스페인의 마드리드에 머물고 있었다. 《뉴욕타임스》의 기사에 따르면, 호스트는 로페즈를 아파트에 감금하고 성행위를 강요했다. 당시에 호스트는 트렌스젠더 여성이었다.

로페즈는 어머니에게 실시간으로 문자 메시지를 보내 자신을 구출해달라고 요청했다. 어머니는 급히 에어비앤비에 전화를 걸었지만, 전화를 받은 직원은 숙소 주소를 알려줄 수 없다고 말했다. 또한 에어비앤비가 경찰에 연락해 사건을 신고할 수 없으니, 그녀가 직접 전화를 해야 한다고 덧붙였다. 결국 그녀는 에어비앤비로부터 마드리드 경찰서의 전화번호를 받아 통화를 시도했지만, 스페인어로 '전화를 받을 수 없다'는 자동 응답 메시지만 반복될 뿐이었다.

그러던 중 아파트 안에서의 상황은 악화됐고, 로페즈의 말처럼 그는 강간당하고 말았다. 그는 자신의 친구들이 곧 이곳을 찾아올 것이라는 기지를 발휘해 가까스로 탈출할 수 있었다.

2011년 EJ의 아파트에서 발생한 사건처럼, 이 사건은 보도되자마자 삽시간에 세간으로 퍼져나갔다. 로페즈는 쇼 프로그램 「투데이Today」에 출연해 자신이 당한 사건의 정황을 털어놓았고, 코스모폴리탄닷컴cosmopolitan.com은 "에어비앤비를 이용한 적이 있다면 그의 끔찍한 이야기를 읽어야 한다"는 헤드라인의 기사를 올렸다.

이에 에어비앤비는 즉각적으로 대응했다. 먼저 실시간으로 벌어지는 위급 상황일 경우, 직원이 직접 경찰에 연락을 취하도록 정책을 변경했다. 또 여행객이 비상 연락망을 올리도록 하여 위급 상황일 때 가족 및 친구에게 모든 정보를 공유할 수 있도록 했다.

하지만 이 사건은 회사가 설립된 지 7년이나 지난 2015년이 될 때까지 '왜 위급 상황에 대한 정책이 수립되지 않았는지'에 대한 의문을 남겼다. 내가 이에 관해 질문을 던졌을 때 체스키는 이렇게 대답했다.

"명백한 우리의 실수입니다. 정책을 마련할 때 세심하게 고려하지 못했습니다."

그는 회사가 개입하지 않은 채 피해자가 직접 경찰에게 도움을 요청하는 편이 더 낫고, 그래야 사건을 악화시키지 않을 거라 믿었다. 그럼에도 그동안 전문가들의 의견을 받아 응급 정책을 마련하지 않았으며, 직원들을 제대로 교육하지 못한 일에 대해서는 진심으로 반성했다.

사실 안전은 에어비앤비의 비즈니스에서 그 무엇보다도 가장 중요한 가치다. 심지어는 '어디에서나 우리 집처럼'이라는 핵심미션보다도 더 중요하다. 다치지 않고, 훼손되지 않는 것은 매슬로의 '인간 동기 욕구의 5단계' 중에서도 가장 기초적인 욕구에 해당된다. 그러나 호스트에게 훌륭한 숙박 서비스를 일임하는 것과 마찬가지로 안전 역시 통제가 불가능한 문제다. 회사가 직영 숙소를 한 채도 가지고 있지 않기 때문이다.

"실재적인 삶, 그것이 우리의 제품입니다."

체스키의 말처럼 그들은 어떠한 숙소도 통제할 수 없다. 그래서 그는 자신들이 완벽할 수 없다고 주장한다. 더불어 "온라인 마켓플레이스도 결국 사람이 함께 살아가는 곳이기에, 아무 일도 일어나지 않는 커뮤니티는 없습니다"라고 덧붙였다. 그럼에도 에어비앤비는 신뢰도가 높은 커뮤니티이고, 사건이 발생하면 회사는 상황을 수습하기 위해 정해진 규정 이상으로 노력한다고 주장했다.

작은 사건 하나에도 언론이 헤드라인을 쏟아내는 일에 대해 에어비앤비가 내세우는 가장 강력한 방어책은 '그런 사건이 매우 드물게 일어난다'는 점을 강조하는 것이다. 2015년에 4000만 명의 게스트가 에어비앤비를 이용했지만, 1000달러 이상의 피해액을 발생시킨 사건은 그해에 0.002퍼센트에 불과했다. 또 2016년 초까지 총 1억 2300만 개의 예약일이 집계됐을 때에도 회사는 불미스러운 사건이 전체의 1퍼센트도 안 됐다고 발표했다. 위기 커뮤니케이션 책임자인 닉 샤피로Nick Shapiro는 "소수점 세 자리까지 '0'이 되도록 만드는 게 우리의 소망이지만, 0.002퍼센트라는 숫자는 나름대로 의미 있는 통계치입니다"라고 말했다.

■ ■ 안전을 최우선으로 디자인하다

2011년에 벌어진 'EJ 사건'은 막 성장을 이뤄가고 있는 회사에게 있어 가장 치명적인 사고였으며, 잠재적 사용자 모두에게도 최악의 악몽이었다. 많은 투자자는 그 사건을 계기로 사용자들이 회사에 대한 신뢰를 완전히 저버리진 않을까 하는 두려움에 떨었다. EJ 사건은 단순한 사고가 아니었다. 에어비앤비라는 회사를 존속하게 하는 가장 중요한 가치인 '신뢰'를 완전히 붕괴시켜버린 대형 사고였다.

EJ 사건을 계기로 핵심 직원들은 며칠 밤낮을 사무실에서 지내며 집중적으로 위기 관리 방안을 수립했다. 그 결과 '호스트 개런티', '24시간 핫라인'과 같은 새로운 도구가 개발됐다. 뿐만 아니라 고객 서비스팀과 협력하여 보안과 안전, 응급 상황에 대응을 전담하는 '신뢰 및 안전 부서'가 신설됐다.

현재 250여 명의 직원으로 구성된 이 부서는 포틀랜드, 더블린, 싱가포르에 각각 운영 센터를 두고 있다. 이러한 큰 틀 안에서 '커뮤니티 방어팀'은 사전에 의심스러운 행동을 포착하고 잡아내기 위한 예방 작업을 수행한다. '커뮤니티 대응팀'은 이미 발생한 문제를 놓고 경찰 당국과 직접 접촉하여 사건을 수습하는 임무를 맡는다. 마지막으로 '제품팀'에는 범죄를 저지를 가능성이 높은 예약 건이 무엇인지를 감지하기 위해 '행동 모델'을 구축하는 데이터 과학자들과, 머신러닝을 활용해 리스크가 발생할 예약 건을 미리 분석하는 엔지니어들이 포진돼 있다. 이 외에도 사건 전문 변호사와 피해 보상액을 심사하는 보험 전문가, 대금 결제 사기를 잡아내는 사이버 보안 분야 베테랑 등이 다수 참여하고 있다.

미연의 사태를 방지하기 위해 아예 제품에 포함시킨 장치들도 있는데, '리뷰 시스템'이 그중 하나다. 창업자들이 사업 초기부터 구축한 리뷰 시스템은 아직까지도 회원들의 평판을 평가하기 위한 도구로써 효과적으로 작동되고 있는데, 특히 2013년에는 사용자의 온라인 ID와 오프라인 신분 간의 일치 여부를 확인할 수 있도록 강화된 인증 프로세스인 '인증 ID' 제도를 도입했다. 호스트이든 게스트이든 원한다면 오직 인증 ID를 소지한 사용자들과 예약을 진행하는 옵션을 선택할 수 있다. 더불어 호스트와 게스트가 예약과 관련해 의사를 교환하는 과정 중에는 전화번호나 주소와 같은 개인 정보가 일절 노출되지 않는다. 호스트가 게스트의 요청을 수락하고 예약이 완료되고 나서야 개인 정보를 볼 수 있는데, 그래야만 양측이 에어비앤비를 통하지 않고 오프라인으로 '직거래'할 가능성을 없앨 수 있기 때문이다.

■ ■ 선의의 사람들과 불행한 사고들

악의를 갖고 행동하는 사람들은 어디에서나 골칫거리다. 그렇다면 전혀 의도하지 않은 일이나 행동이 안전 문제로 불거지는 사고는 어떨까? 2015년 11월, 로스앤젤레스에 사는 작가 자크 스톤Zak Stone은 가족과 함께 여행을 즐기다가 비극적인 사고를 당했고, 이러한 사연을 온라인 잡지 《미디엄Medium》에 기고했다. 그는 에어비앤비를 통해 숙소를 예약했는데 그의 아버지가 숙소 뒷마당에 있던 그

네 위에 앉자 나뭇가지가 반으로 쪼개져 머리 위에 떨어졌고, 아버지는 그 자리에서 뇌진탕으로 사망하고 말았다. 스톤은 기고를 통해 에어비앤비와 관련된 다른 사망 사고도 함께 언급했다. 2013년, 대만의 숙소에 묵던 캐나다 여성이 고장 난 온수기로 인해 발생한 일산화탄소에 질식되어 숨진 채 발견됐다는 내용이었다. 위험은 두 장소 모두에 도사리고 있었다. 스톤의 아버지를 죽음에 이르게 한 그 나무 역시 이미 2년 전에 죽은 나무였다.

이러한 유형의 사고에 대해 에어비앤비가 주장하는 법적 해석에 따르면, 그들에게는 책임이 없다. 회사는 웹사이트에 법적 책임에 대한 고지를 아주 명확하게 올려놓았다.

"에어비앤비는 호스트의 행동에 대해 아무런 통제를 가할 수 없습니다. 그에 따라 에어비앤비가 모든 법적 책임을 지지 않는다는 점을 유의하기 바랍니다. 호스트가 본인의 책임을 다하지 못하면 행동에 제약이 따르거나 에어비앤비의 웹사이트에서 삭제될 수 있습니다."

그렇다면 이렇게 불미스러운 사고를 당한 사람은 누구에게 보상을 청구해야 할까? 게다가 대부분의 '주택 소유자 종합 보험'은 상업적 행위를 보장하지 않으며, 에어비앤비를 통한 집 대여를 상업적 행위로 간주하고 있다. 다행히 스톤이 묵었던 숙소는 상업적 행위를 보장하는 보험에 가입돼 있었기 때문에 보상을 받을 수 있었다.

체스키는 이 두 건의 사고가 회사에게는 '매우 비통한 일'이었다고 말한다.

"저는 두 사고를 개인적으로 가슴 아프게 받아들입니다. 저는 더 나은 세상을 만들겠다는 생각과, 사람들이 그 속에서 더 나은 삶을 영위하도록 하겠다는 믿음을 실천하는 사람입니다. 이러한 사망 사고는 저의 지향점과 완전히 상반된 결과죠. 이런 사고가 발생했을 때 할 수 있는 모든 조치를 실행하기 위하여 끊임없이 배워야 하는 것이 우리의 책임입니다. 그래야 다시는 이런 일이 일어나지 않을 수 있습니다."

이러한 깨달음의 일환으로 2014년에 에어비앤비는 모든 호스트를 대상으로 2차 법적 책임의 발생에 대해 100만 달러를 보상하는 정책을 시행했다. 호스트의 주거래 보험 회사가 보험금 청구를 거절하면, 에어비앤비가 대신 보상을 하겠다는 정책이었다. 1년 후 에어비앤비는 1차 보험 상품을 추가로 만들었다. 20여 개 국가의 에어비앤비 호스트들은 그들이 가입한 주택 소유자 종합 보험이 상업적 행위를 보장하지 않더라도, 그리고 애초에 그런 보험 자체에 가입하지 않았더라도 신체적 장애나 재산상의 손실에 대한 제3자 배상 청구 시 100만 달러까지 보장되는 보험에 자동적으로 가입된다.

안전 문제에 대한 보상은 에어비앤비뿐만 아니라 단기 임대 업체들, 그리고 호텔 업계에서도 가장 큰 골칫거리로 여겨지고 있다. 더군다나 호텔은 화재 예방, 식품 및 건강 안전, 미국 장애인법 등과 관련된 까다로운 안전 기준을 만족시켜야 한다. 에어비앤비는 '책임 있는 호스팅'에 관한 웹사이트 메뉴에서 호스트들에게 연기 탐지기나 일산화탄소 감지기, 소화기, 구급상자 등을 구비해둘 것을 권장한다. 그리고 피복이 벗겨진 전선을 고치고 게스트가 돌아다니는 곳에 위험한 물건이 있는지를 확인하라고 당부한다. 하지만 역시나 이런 일들을 실제로 하느냐 마느냐는 호스트의 의지라서 회사가 그들의 행동을 완전히 통제할 수 없다.

타인의 집에 들어갈 때마다 게스트들은 스스로를 어느 정도 위험에 노출시킨다. 만약 쉐라톤 호텔에서 사고가 발생했다면, 최소한 게스트들은 누구를 비난할지, 누구에게 불만을 쏟아낼지, 혹은 누구에게 소송을 걸어야 하는지 알지만 에어비앤비의 게스트들은 널리 확산된 홈셰어링이라는 '신세계'에서 모든 사후 처리를 스스로 알아서 해야 한다. 그래서 위기 커뮤니케이션 책임자 샤피로는 "우리는 사람들을 타인의 집 안으로 들이는 일을 합니다. 누구도 사람의 행동을 예측할 순 없죠. 우리는 우리가 할 수 있는 최선의 일을 수행할 뿐입니다"라고 말했다.

■ ■ '우리 집처럼'의 반대말, 인종 차별과 싸우다

에어비앤비는 그들의 사업 영역에 있어 안전에 관한 메커니즘을 다듬는 데에 정말로 오랜 시간을 투자해왔다. 사람들 간의 신뢰를 기반으로 만들어진 서비스이므로 애초부터 안전 문제가 불거질 거라 예상할 수 있었고, 그러한 리스크를 최소한으로 줄여야만 더 많은 사람을 끌어들일 수 있었기 때문이다. 그러나 문제는 그것뿐만이 아니었다. 그들이 전혀 예상하지 못했으며, 전염병처럼 빠른 속도로 퍼져나가 에어비앤비를 지독히도 괴롭힌 또 하나의 문제가 도사리고 있었다. 바로 '인종 차별'이다.

2011년에 하버드 경영 대학원의 조교수 마이클 루카Michael Luca는 온라인 마켓플레이스를 연구하기 시작했다. 그는 이베이, 아마존, 프라이스라인Priceline과 같은 온라인 마켓플레이스들이 처음에는 전혀 알려지지 않았다가 엄청난 속도로 성장해가는 모습에 강한 흥미를 느꼈다. 특히 이러한 사이트들이 거래를 벌이는 사람들의 개인 프로필과 사진을 공개함으로써 신뢰를 구축한다는 점에 주목했다. 이러한 방법은 신뢰를 형성하고 책임을 명확히 하는 데에 도움이 되지만, 동시에 '차별'이라는 의도치 않은 결과를 일으킬 수도 있을 거라고 예상했다. 루카 연구팀은 그들의 의심을 규명하기 위해 가장 큰 플랫폼이자 가장 많은 사용자에게 사진을 요구하는 에어비앤비에서 현장 실험을 실시했다. 그 결과 숙소의 위치와 특징이 동일함에도 비흑인 호스트들이 흑인 호스트들에 비해 약 12퍼센트나 높은 숙박료를 책정하고 있었으며, 흑인 호스트들이 비흑인 호스트들에 비해 '위치가 좋지 않다'는 이유로 숙박료 책정 시 더 큰 불이익을 받고 있었다.

논문이 발표되자마자 에어비앤비는 루카의 연구가 2년 전에 실시된 것이고, 회사가 사업을 벌이는 3만 5000여 개 도시 중 하나의 도시만을 대상으로 한 것이며, 연구자들이 데이터를 주관적이고 부정확하게 해석했다고 일축하는 성명서를 발표했다. 이에 루카 연구팀은 2년 후 두 번째 연구 결과를 내놓았는데, 백인 게스트와 흑인 게스트의 예약 수락율이 어느 정도로 차이가 있는지를 측정한 내용이었다. 루카는 20개의 프로필을 만들어 10개는 누가 들어도 흑인이라 느껴지는 이름을 붙이고, 나머지 10개는 백인다운 이름을 붙였다(그 외 프로필의 나머지 요소는 모두 동일하게 구성했다). 루카는 6400개의 메시지를 다섯 개 도시에 거주하는 호스트들에게 발송하여 특정한 날에 숙박이 가능한지를 문의했다. 그 결과 루카의 의심이 옳은 것으로 판명됐다. 흑인 이름의 게스트들은 백인 이름의 게스트들에 비해 예약 수락율이 16퍼센트나 낮았다. 호스트의 인종이나 성별, 숙박료와 대여 공간의 기준에 관계없이 이러한 양상이 동일하게 발견됐다. 루카는 이 논문을 통해 "흑인 이름을 가진 게스트가 얼마만큼 차별을 받고 있는지 생생하게 확인됐다"는 메시지를 전했다.

논문이 발표되고 몇 개월 후 NPR(미국 공영 라디오 방송)에서 이 연구와 관련된 내용이 언급되면서 이러한 사실은 언론의 큰 관심을 받았다. 2016년 4월, 시카고의 흑인 비즈니스 컨설턴트인 쿼티나 크리텐던Quirtina Crittenden은 같은 방송에 출연해 본명을 사용했을 땐 에어비앤비로 예약하는 일이 쉽지 않았지만, 이름을 '티나'로 바꾸고 프로필 사진을 풍경 사진으로 대체했더니 곧바로 방을 잡을 수 있었다고 털어놓았다.

몇 주 후 워싱턴에 사는 25세의 흑인 청년 그레고리 셸던Gregory

Selden은 에어비앤비를 상대로 소송을 제기했다. 필라델피아에 사는 호스트가 자신의 숙박 요청을 거부하더니, 백인처럼 보이는 가짜 프로필을 써서 요청한 후에는 예약을 곧장 수락했다는 이유에서였다. 그는 공민권법(미국에서 흑인에 대한 인종 차별을 없애기 위해 1950~1960년대에 제정한 법률)을 위반한 것이라 주장하며 에어비앤비가 자신의 불만을 응대하지 않았다고 말했다.

다시 몇 주가 지난 후, 어느 흑인 여성은 노스캐롤라이나 샤롯데 지역의 방을 예약하고자 했다. 그녀의 요청은 수락됐지만, 호스트는 즉시 취소를 하고 여러 장의 메시지를 보내 그녀에게 경멸적인 말을 쏟아냈다(호스트는 직접적으로 흑인을 혐오하고 비하하는 욕설을 보냈다).

이러한 사건들이 쏟아져 나오자 에어비앤비는 '충격을 받았다'는 입장을 발표하고, 커뮤니티 멤버들에게 인종 차별적인 언어와 행동은 자신들의 정책과 '우리 커뮤니티가 믿는 모든 것'을 위반하는 행위라며 신속하게 대응했다. 다음 날 체스키는 트위터를 통해 강한 어조의 글을 남겼다.

"노스캐롤라이나에서 벌어진 사건은 충격적이고 절대 용납할 수 없습니다. 에어비앤비에 인종주의와 차별이 설 자리는 없습니다. 우리는 그 호스트를 영구적으로 퇴출시켰습니다."

체스키는 그 후로도 몇 주 동안 "인종주의는 우리 모두의 문제입니다. 많은 사람의 도움이 필요합니다"라는 말을 반복하며, 에어비앤비가 현재 여러 분야의 전문가들로부터 조언을 받고 있다는 점을 강조했다.

논란이 뜨겁게 달아오르는 가운데, 회사는 해결책을 찾기 위해 전직 법무 장관 에릭 홀더Eric Holder와 시민 자유 연합의 전직 이사인 로라 머피Laura Murphy 등 외부 전문가들을 적극 영입해 90일간 전면적인 진단을 실시했다. 몇 개월 후 회사는 32페이지짜리 보고서를 공개하여 전문가들의 제언을 바탕으로 한 대대적인 변화 방침을 발표했다. 플랫폼을 사용하고자 하는 사람이라면 누구나 새로운 차별 금지 정책에 따르기로 약속한다는 '커뮤니티 준수 사항'에 서명해야 한다는 내용이었다. 에어비앤비는 예약 당시 차별받았던 게스트들을 찾기 위해 '오픈 도어즈Open Doors'라는 이름의 정책을 실시하기도 했다. 또 차별 철폐를 전담하는 새로운 제품팀을 발족하고, 앞으로는 사진 대신 리뷰를 더 많이 참조해 게스트를 판단할 수 있도록 조정하겠다는 계획을 발표했다. 마지막으로 체스키는 이렇게 말했다.

"불행히도 우리는 인종 차별이라는 문제를 생각하지 못했고, 너무 늦게 대응했습니다. 이 부분에 대해 죄송하다는 말씀을 드립니다. 저는 우리 커뮤니티 멤버들에게 일어난 모든 고통과 불만에 책임을 통감합니다."

흑인 사회의 리더들은 이러한 변화를 환영했다. '의회 흑인 이익 단체'는 에어비앤비의 조치에 대해 "기술 산업 전체의 모델이라 부를 만한 표준"이라고 평했다. 캔자스시티 법학 대학 부교수인 자밀라 제퍼슨 존스Jamila Jefferson Jones는 아예 모든 프로필 사진을 삭제

해야 한다고 주장했다. 그녀는 인종 차별로 일어난 법적 책임을 플랫폼(에어비앤비)과 숙소 제공자(호스트) 중 어느 곳에 물어야 할지를 정확하게 구분해야 한다고 말하면서, 에어비앤비의 자율적인 규제 노력에 의존하기보다는 새로운 법을 지정해야 한다고 말했다.

사실 법적으로 볼 때 이 문제는 꽤나 모호하다. 호텔은 공민권법을 따라야 하지만, 에어비앤비는 숙소 제공자가 아니라 그저 플랫폼의 운영자이기 때문에 사용자들에 대한 법적 책임으로부터 한 발짝 떨어져 있다. 에어비앤비는 개인들에게 각 주의 법을 준수해야 한다는 의무를 지우고 있지만, 1964년에 제정된 공민권법은 5개 미만의 방을 임대하는 사람들에게는 적용되지 않는다. 그래서 호스트는 연방법 하에서 혐오스러운 개인적 믿음 때문이든 그 어떤 이유이든 간에 합법적으로 누군가를 거부할 수 있다. 예를 들어 흡연자나 어린 아이들을 동반한 가족을 특정하여 거부할 수 있는 것이다. 나는 이 사건을 조사하던 중 중국인들에게만 집을 대여한다는 호스트를 알게 됐는데, 그 이유는 중국인들이 돈을 제때 잘 지불하기 때문이라고 말했다. 또 어떤 호스트는 친절하고 과묵하며 별다른 문제를 일으키지 않는다는 이유로 동양인들에게만 임대를 한다고 말했다.

하지만 법적 책임이 있든 그렇지 않든 간에, 또 에어비앤비의 과실이 있든 없든 간에 차별은 이 회사의 핵심 사업을 크게 위협하는 요소임에는 분명하다. '도브Dove'는 건강한 신체 이미지를 연상시키지만 실제로는 비누를 판매한다. '루루레몬Lululemon(요가 및 스포츠 의

류업체)'은 커뮤니티에 적극적이지만 옷을 파는 게 핵심 사업이다. 하지만 에어비앤비는 다르다. 서로 '친화하고 환대하는 것'은 에어비앤비의 부수적인 요소가 아닌, 그들이 판매해야 하는 제품 그 자체다. 무엇보다도 이 회사는 '우리 집처럼'이라는 아이디어를 중심으로 브랜드와 미션을 정립해왔다. 그런데 '우리 집처럼'이라는 말의 반대 개념이 무엇인가? 바로 '차별'이다. 논란이 가중되던 때에 체스키는 《포춘》이 주최한 '브레인스톰 테크Brainstorm Tech' 컨퍼런스 무대에 올라 이렇게 말했다.

"우리의 미션은 사람들을 한데 묶는 것입니다. 차별은 우리 미션의 최대 장애물이죠. 만약 우리가 그 문제를 단순하게 대응하려 한다면, 결코 미션을 달성하지 못할 것입니다."

■■ 반대의 물결

2010년 봄, 체스키는 뉴욕에 사는 호스트로부터 한 통의 전화를 받았다. 그는 매우 다급한 목소리로 이렇게 말했다.

"뉴욕에서 엄청난 일이 벌어지고 있어요. 그들이 이 법을 통과시키려 한다고요. 당신이 꼭 알아야 할 일인 것 같아서 전화했습니다."

전화를 받았던 당시, 체스키는 호스트가 언급한 '법'에 대해서는 아무것도 모르는 상태였다. 그런 주제를 다룬 경험도 없었거니와 지방자치단체와 시의 정치적 공방에 대해서는 관심도 없었기 때문이었다. 하지만 중대한 일임에는 분명했고, 그는 입법 기관의 공세에 제대로 대응하기 위해 뉴욕 소재의 명망 있는 로비 회사 '볼튼-세인트 존스Bolton-St. Johns'와 계약을 맺었다. 하지만 일은 생각보다 급박하게 돌아가고 있었다. 몇 개월 안에 그 법이 잠정적으로 통과될 예정이었고, 그들에게는 대응을 준비할 시간조차 주어지지 않았다.

체스키와 로비스트는 '속성 코스'로 대응 준비를 시작했지만, 그들이 생각했던 것만큼 일이 간단하지가 않았다. 지방 정치의 여당과 야당, 그들 배후에 있는 권력을 모두 파악하기까지 무려 1년이라는 시간이 소요됐다. 그리고 이 기간은 에어비앤비의 역사상 가장 큰 '과속 방지 턱'으로 작용했다. 알고 보니, 많은 지역이 에어비앤비의 비즈니스 모델, 즉 집을 단기간 임대하는 행위를 현행법 위반으로 간주하고 있었다. 그런 류의 법들은 주별, 도시별, 마을별로 제각각이다. 그리고 규제 방침 역시 복잡했다. 호스트의 숙소 대여는 단기 임대, 세금 징수, 건축 설계, 지방 세칙 등을 관장하는 여러 개의 지방 법률에 저촉됐다.

이에 에어비앤비는 많은 지역과 논의를 거쳐 그들의 비즈니스가 합법적으로 운영될 수 있게끔 규정을 개정해왔다. 런던, 파리, 암스테르담, 시카고, 포틀랜드, 덴버, 필라델피아, 상하이 등과 수년에 걸쳐 협정을 맺었고, 지금도 더 많은 대도시와 적극적으로 협상에 임하고 있다.

하지만 몇몇 지역에서는 난항을 겪기도 했다. 특히 뉴욕 시의 규

예상치 못한 최악의 위기

제 기관과 입법 기관은 매우 집요할 정도로 에어비앤비의 비즈니스를 완강히 거부했다. 그러한 입장은 지금까지도 이어지고 있는데, 2016년 말 앤드류 쿠오모Andrew Cuomo 주지사가 '거주자가 없는 상태에서 30일 미만으로 집을 임대하기 위해 개인이 아파트를 광고하는 행위가 불법'이라는 법규에 서명을 하는 사태가 발생했다. 이로써 에어비앤비는 큰 타격을 입었고, 시와 주 당국을 상대로 즉각 소송을 걸었다. 나중에 합의를 이뤄내긴 했지만, 이 싸움은 회사의 가장 큰 시장 중 하나인 뉴욕에 직격탄이 됐다. 그리고 아직까지도 뉴욕과 에어비앤비의 사소한 법적 공방은 계속되고 있다.

■ ■ 대세가 된 아이디어는 결코 죽일 수 없다

뉴욕을 비롯한 샌프란시스코, 베를린, 바르셀로나 등과 같은 대표적인 도시들의 규제 기관과 입법 기관이 에어비앤비의 비즈니스를 완전히 인정하지 않고 있음에도 불구하고, 대부분의 전문가들은 장기적으로 볼 때 에어비앤비 쪽에 승산이 있고 궁극적으로 에어비앤비가 운영의 재량을 갖게 될 거라고 입을 모은다. '소비자들이 에어비앤비를 원한다'는 단 하나의 이유 때문이다. 이런 의미에서 규제 기관들을 궁극적으로 흔들어댈 수 있는 존재는 에어비앤비도, 호스트들도 아닌 1억 4000여 명의 게스트들이다.

"대중은 이미 그곳에 가 있습니다. 정치인들은 대중이 움직이는

쪽을 따르기 마련이죠."

홈어웨이의 공동 창업자 칼 쉐퍼드Carl Shepherd는 변화를 인정하지 않는 규제 기관들을 향해 '모래 속에 머리를 파묻고 있는 꼴'이라며 비난을 하기도 했다.

그렇다면 에어비앤비에 대한 소비자들의 지지는 어떠할까? 퀴니피악 대학교 여론 연구소의 조사에 의하면, 에어비앤비를 지지하는 뉴욕 시민들이 금지되길 바라는 시민들에 비해 56 대 36으로 더 많은 것으로 나타났다(나는 취재하던 내내 자기네 빌딩에 왔다 갔다 하는 단기 여행객들에 대해 불만을 토로하는 뉴욕 시민들을 많이 만났는데, 아이러니하게도 정작 그들 자신 역시 여행을 할 땐 꼭 에어비앤비를 이용했다).

그렇다면 왜 소비자들은 이토록 에어비앤비를 원하는 걸까? 에어비앤비를 그저 모든 규칙을 깨고 나오려는 '철모르는 녀석'이라고 치부하기에는 뭔가 부족하다. 이 회사는 그보다 더 강력한 네 가지 힘들이 결집된 한복판에 서 있다. 먼저 첫 번째 힘은 경기 불황으로 인해 저렴하게 여행하거나 집을 돈이 되는 무언가로 만들고 싶다는 의지다. 두 번째 힘은 너무 비싸고 상업화된 숙박 업계에 대한 사람들의 피로감이다. 세 번째 힘은 삶의 방식으로 더 특이하고, 더 다양하고, 더 본질적이며, 더 진정한 여행 방식을 만들고자 한 의지의 파도다. 네 번째 힘은 특히 중산층을 중심으로 정부에 대한 신뢰가 무너져 개별적으로 자급자족할 수 있는 경제 수단을 찾으려는 현상이다. 이러한 네 가지 힘을 알아야 왜 에어비앤비 사용자들이 전면에 나서 칼을 뽑아들고 시 당국과 싸움을 벌이는지 이해할 수 있

예상치 못한 최악의 위기

다. 5만 달러짜리 벌금을 맞은 서배너의 호스트 조나단 모건Jonathan Morgan은 이렇게 말했다.

"시의 리더들에게 말해주세요. 나는 죽을 때까지 싸울 것이며, 결국에는 우리가 이길 거라고요. 그리고 내가 그들보다 훨씬 더 젊다고 전해주세요."

많은 타 업종들이 시장에 정착하기 위한 과정에서 법규 문제를 타개하느라 애썼다. 이베이는 소비자들로부터 인정을 받기 시작하자 기존의 유통 업체들로부터 맹렬한 공격을 받았다. 반대 세력 중 한 곳은 사용자들이 플랫폼을 통해 물건을 팔려면 경매사 자격증을 취득해야 한다는 내용의 법을 통과시키려 했다. 페이팔부터 스퀘어Square, 스트라이프Stripe에 이르는 대금 결제 스타트업들은 온라인으로 돈을 송금하고 수금한다는 아이디어에 놀란 규제 기관들에게 자신들의 합법성을 증명해야 했다. 에어비앤비의 이사회 멤버 제프 조던Jeff Jordan은 "성공하면 거의 항상 합법성 문제가 떠오릅니다"라고 말했다(물론 인기를 누리는 기술이라고 해서 모두 합법성 문제를 이겨내는 것은 아니다. 사용자 간 음악 공유 서비스였던 냅스터Napster는 저작권 위반 논란으로 문을 닫았다. 하지만 이후 음악 스트리밍은 표준으로 자리 잡았고, 업계는 음악 스트리밍에 과금하는 방법을 찾아냈다).

체스키는 말을 할 때 역사적으로 위대한 사상가의 말을 즐겨 인용하는데, 조지 버나드 쇼George Bernard Shaw의 말을 종종 재해석해 표현하곤 한다.

"이성적인 사람은 자신을 환경에 적응시킨다. 비이성적인 사람은 환경을 자신에게 적응시킨다. 그러므로 모든 진보는 비이성적인 사람들에게 달려 있다."

이러한 이유로 체스키는 에어비앤비가 그토록 거센 반대를 받는다는 사실에 크게 놀라지 않는다. 그는 2015년에 에어비앤비의 본사 사장실에서 "이 사업을 시작할 때부터 만일 성공을 이루게 된다면 어느 정도의 논란이 있을 거란 점을 예상했습니다"라고 말했다.

그는 에어베드앤블랙퍼스트라는 아이디어를 자유롭게 말하고 다녔던 2007년까지 기억을 거슬러 올라가 직업도 없이 풀이 죽은 채로 휴가차 고향에 갔던 때를 이야기했다. 그때 그는 새로운 아이디어에 대한 사람들의 본능적인 반응을 경험했다. 아이디어를 아주 좋아하는 사람도 있었고, 아주 싫어하는 사람도 있었던 것이다.

"'정말 멋져. 어서 빨리 나도 이용하고 싶어'이거나 '절대로 우리 동네에 들어오지 않기를 바라'이거나 둘 중 하나였죠. 사람들은 새로운 아이디어를 들으면 극명하게 상반된 반응을 보입니다."

2010년, 뉴욕 시에서 제정하려던 법에 관해 처음 알게 됐을 때, 그리고 당시 규제 기관들이 그 법은 에어비앤비에 대한 것이 아니며 사용자들에게 아무런 영향을 미치지 않을 테니 괜찮다고 이야기했을 때 그는 그 말을 의심했다.

"괜찮아 보이지 않았죠. 법이니까요."

체스키는 해결책이 있을 것이고 머지않아 그 해결책이 나타날 거라며 자신감을 보였다. 그는 결국 뉴욕 시가 사람들에게 자신들의 살림집을 대여하도록 허용하고, 동시에 대여 전용 주택을 운영하는 상업적 호스팅을 금지하도록 법을 통과시킬 거라고 생각했다.

"저는 이런 일이 반드시 이뤄질 거라고 봅니다. 하지만 그렇게 되려면 내년과 내후년에도 부단히 노력해야겠죠."

지금까지의 모든 이야기는 적어도 체스키로 하여금 미래에 대해 좀 더 다른 계획을 세우도록 하는 계기가 됐다. 자신의 눈으로 똑똑히 '적'을 발견한 그는 회사를 다음 단계로 도약시키기 위해 단순한 숙박이 아니라 '현장에서의 체험'을 강화하겠다는 야심만만한 계획을 펼쳐 보였다. 그는 지속적인 성장 가능성과 모든 여행객들의 불만을 염두에 두면서 그 '체험'을 설계하기 위해 애썼다. 그는 나에게 회사의 새로운 확장 계획을 보여주며 "저는 이 모든 구상을 아주 세심하게 설계했습니다"라고 말했다.

"이 계획이 여러 지역에 어떤 변화를 가져다줄까요? 커뮤니티가 강화될까요, 아니면 반대로 커뮤니티가 무너질까요? 진행되는 과정에서 비판은 필연적으로 쏟아질 것입니다. 이 점이 제가 배웠던 첫 번째 교훈입니다."

체스키를 제외한 나머지 사람들은 그와 다른 입장을 취했다. 그들은 법적 다툼 과정을 대수롭지 않게 여긴다. 커다란 골칫거리이긴 하지만 그 모든 게 전적으로 예상 가능했다고 말한다. 에어비앤비의 초창기 어드바이저인 세이벨은 "거대 산업의 룰을 파괴하고 그 속에서 자리를 차지하려고 한다면 언제나 다양한 이익 단체들이 압력을 가해올 겁니다"라고 말한다.

"호텔 업체들이 지금껏 10억 달러 규모의 시장을 일구었는데, 새로이 등장한 산업 파괴자를 향해 어떻게 압력을 가할지 그 방법을 모르겠습니까? 그 안에 오래 있다 보면 압력을 가하기 위해 정치를 활용하는 방법을 더 많이 아는 법입니다."

세이벨은 "결국 가장 중요한 것은 많은 사람을 움직이게 만드는 것입니다. 그 일은 투표권을 가진 소비자들이 할 수 있는데, 보통은 소비자들이 이깁니다"라고 말했다.

체스키가 즐겨 인용하는 문구 중 또 하나는 빅터 휴고Victor Hugo의 말이다.

"대세가 된 아이디어는 결코 죽일 수 없다!"

그는 2014년에 열린 에어비앤비 오픈 행사에서 이런 말을 남겼다. 세이벨은 이 말의 의미를 간결하게 설명했다.

"결국 가장 중요한 질문은 '사람들이 에어비앤비를 좋아하는가? 수백만 그리고 다시 수천만의 사람들이 에어비앤비를 원하는가?'입니다. 그리고 답은 '그렇다'입니다. 그러므로 그 밖의 모든 것은 해결이 가능한 문제입니다. 똑똑한 사람들, 시간, 그리고 돈을 투자하여 충분히 해결할 수 있죠. 모든 사람이 원하는 것을 만들어냈다면 어떤 어려움도 분명 해결할 수 있습니다."

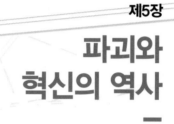

제5장

파괴와
혁신의 역사

—

어떻게
새로운 아이디어는
한순간에 시장을 파괴하는가?

"
처음에 그들은 당신을 무시하다가 당신을 비웃고
그다음에는 당신에게 싸움을 걸어온다.
그러면 당신은 승리할 것이다.
"

– 마하트마 간디

1951년, 미국 멤피스에 사는 사업가 케몬스 윌슨Kemmons Wilson은 휴가를 가야 한다고 조르는 아내 때문에 하던 일에서 잠시 손을 뗐다. 그는 다섯 명의 아이들과 아내를 차에 태우고 전국의 명소를 구경하기 위해 워싱턴으로 장거리 여행을 떠났다.

여행 중에 그들은 길가에 있는 수준 이하의 모텔에서 숙박을 해결했는데, 방이 비좁고 침대도 불편한 데다가 아이 한 명당 추가 요금을 내야 한다는 사실에 짜증이 났다. 윌슨은 모텔보다 더 나은 대안을 찾고 싶었다. 워싱턴에 도착했을 무렵, 그는 전국에 걸쳐 400개의 모텔을 짓겠다는 아이디어를 생각해냈다. 깨끗하고 숙박료를 저렴하게 책정하되 모든 모텔을 고속도로 출구 쪽에 짓고, 각 모텔 간의 거리는 자동차로 하루면 갈 수 있도록 만들겠다는 심산이었다. 이 아이디어에서 가장 중요한 점은 숙박 서비스를 '예측 가능'하도록 만든다는 것이었다. 세세한 부분까지 전부 표준화함으로써 게스트들이 어디에서 묵든 똑같은 특징과 만족을 누릴 수 있도록 하겠다는 것이 윌슨의 포부였다. 그는 여행 중에 묵었던 모든 모텔 방의 수치를 꼼꼼히 측정한 결과 이상적인 방의 크기를 알아냈고, 멤피스로 돌아온 후 설계사를 고용해 도면을 의뢰했다. 그 당시에 그는 우연히 「홀리데이 인」이라는 영화를 봤는데, 재미 삼아 도면 상단에 영화 제목을 써넣었다. 그로부터 1년 후인 1952년, 윌슨은 멤피스 외곽에 위치한 고속도로 옆에 첫 번째 '홀리데이 인'을 지었고, 다음해에는 지점을 세 군데나 더 늘렸다.

'홀리데이 인'은 누구나 예측이 가능했고, 가족 친화적이었으며 (아이들에 대한 추가 요금이 없었다), 자동차로 쉽게 접근할 수 있었다. 당시로서 이는 매우 혁신적인 시도였다. 윌슨의 아이디어는 여러 곳으로 확산됐고 세계적인 브랜드로 성장했다. 1972년에 홀리데이 인은 전 세계에 1400여 개의 지점을 열었고, 그는 '세계의 여관 주인'이라는 타이틀로 《타임Time》의 표지를 장식했다.

물론 이러한 아이디어를 떠올린 사람은 윌슨뿐만이 아니었다. 콘래드 힐튼Conrad Hilton이라는 이름의 텍사스 출신 젊은이는 '오일 붐'이 일었던 1920년대에 호텔을 마구 사들이기 시작했다. 1957년에 메리어트는 버지니아 주 알링턴에 '트윈 브릿지 모터 호텔Twin Bridges Motor Hotel'을 열었다. 공통적으로 이들은 거대한 시장으로 자리 잡은 '고속도로 옆 호텔 체인'의 시대를 열었다. 숙박 서비스 산업에서는 일찍이 볼 수 없었던 '파괴적인 아이디어'였다. 이전의 숙박 시설은 대개 여관이나 작고 개별적인 모텔, 혹은 도시의 비싼 호텔과 화려한 별장으로 제한돼 있었다. 하지만 그러는 사이에 혁신의 분위기는 무르익었다. 수백만 명의 군인이 제대해 가정을 꾸렸고, 전쟁 후의 경제적 활황은 빠르게 증가하던 신흥 중산층에게 풍요로움을 선사했으며, 수백만의 가구가 자가용을 보유하게 됨으로써 이동의 자유를 만끽했고, 드와이트 아이젠하워 대통령Dwight Eisenhower의 '연방 고속도로 법' 제정으로 인해 고속도로의 건설이 활발히 진행됐다. 여행은 부자들의 전유물이었으나, 점차 모든 이들의 여가 문화로 자리 잡았다.

월슨과 메리어트, 힐튼과 같은 사람들은 숙박 서비스 산업의 첫 번째 '룰Rule 파괴자'들이었다. 그들은 '여행이란 모름지기 이래야 한다'는 선명한 비전을 가지고 산업을 흔들어댐으로써 거대한 부를 축적했고, 오늘날의 현대적 호텔 기업이 탄생하는 초석을 다졌다.

그로부터 63년이 흐른 2015년 10월, '새로운 파괴자 기업'에서 나온 인물이 호텔 경영자들 앞으로 나와 무대 위에 섰다. 바로 에어비앤비의 임원인 콘리였다. 그는 '어번 랜드 인스티튜트'가 개최한 추계회의에서 청중들을 향해 이렇게 말했다.

"제 자신이 바로 '늙은 개에게 새로운 재주를 가르칠 수 있다'는 증거입니다."

부티크 호텔 체인의 경영자였다가 에어비앤비로 자리를 옮긴 그는 이른바 '양다리를 걸친 혁신가'였다. 그는 고속도로 옆 모텔에서 부티크 호텔로, 다시 부티크 호텔에서 홈셰어링으로 이어지는 숙박 서비스 산업의 '파괴' 과정을 청중들에게 선보였다. 그러고는 산업의 룰이 예전에도 여러 차례 파괴됐고, 그 파괴는 충족되지 못한 근본적인 니즈를 만족시켰으며, 거대 호텔 체인이 그 파괴에 동참한다면 모두가 승리를 거둘 수 있을 거라는 메시지를 전달했다.

"시간이 흐르면 거대 호텔을 경영하는 여러분들 역시 홈셰어링을 좀 더 편안하게 느낄 것이라 장담합니다. 필시 기득권층은 장기 트렌드로 이어지는 혁신을 수용하기 마련입니다."

그렇다면 에어비앤비는 정말로 거대 호텔 산업을 파괴했을까? 일단 에어비앤비는 자신들이 호텔 산업의 파괴자가 아니며, 평화로운 공존을 꿈꾼다고 말한다. 특히 체스키는 "우리가 이긴다고 하여 호텔이 패배할 필요는 없습니다"라는 말을 즐겨한다. 실제로 에어비앤비를 이용하는 게스트들의 숙박일은 기존 호텔의 이용자들보다도 훨씬 더 긴 편이다. 숙소의 약 4분의 3은 거대 호텔들이 밀집한 곳의 바깥쪽에 위치하고, 도리어 숙박 시장으로 많은 여행객을 끌어들였다. 기술 산업계의 용어로 표현하자면, 에어비앤비는 '다른 사용 사례'다. 여기에 덧붙여 체스키는 어번 랜드 인스티튜트의 추계 회의에서 "에어비앤비의 성장에도 불구하고 호텔 산업은 2015년에 기록적인 객실 이용률을 달성했습니다"라고 말했다(2015년에 호텔 산업은 업계의 핵심 지표인 '가용 객실당 매출액'의 최고치를 달성하는 호황을 누렸다). 블레차르지크 역시 《글로브 앤드 메일Globe and Mail》과의 인터뷰에서 "어떤 호텔도 에어비앤비 때문에 사업이 망할 일은 없습니다"라고 말했다.

하지만 엄밀히 말해 에어비앤비는 호텔 산업에 지대한 영향을 미쳤다. 에어비앤비는 일 단위로 수백만 명의 사람들에게 방을 판매한다. 더불어 그들은 잡초처럼 성장하여 숙박 산업의 가장 핵심적인 타깃인 밀레니얼 세대를 사로잡았다. 그렇기 때문에 많은 호텔 기업에게 있어 에어비앤비의 성장은 분명 '파괴적인 위협'으로 작용하고 있다. 한편으로 호텔 기업들은 에어비앤비가 자신들이 충족시키지 못한 근본적인 니즈에 다가갔다는 사실을 인정하고, 이 점에 대해서는 칭찬을 하기도 했다. 2016년에 열린 '미국 숙박업 투자 회의 Americas Lodging Investment Summit'에 참석한 초이스 호텔스Choice Hotels 의 CEO 스티브 조이스Steve Joyce는 "저는 에어비앤비에게 경의를 표합니다. 그들은 우리 모두가 지나쳐버린 기회를 발견했습니다"라고 말한 바 있다.

그래서일까? 2016년을 기점으로 호텔 업계의 성장이 둔화되기 시작했다. 공급이 수요를 초과했고, 객실 이용률은 정체되거나 하락했다. 2017년에는 수요와 객실 이용률, 평균 일일 숙박료, 가용 객실당 매출액 모두 성장을 멈출 것이라고 전망된다. 신용 평가 기관 무디스Moody's는 2016년 9월에 내놓은 보고서에서 "에어비앤비가 시장의 수요를 빨아들이는 것이 호텔 산업의 성장이 정체되는 요인 중 하나다"라고 주장했다. 더불어 2016년에 세계적인 부동산 회사 CBRE는 '공유경제에 관한 조사'라는 이름의 보고서에서 "에어비앤비는 전통적인 숙박 서비스 산업을 침해했고 앞으로도 그럴 것이다"라고 결론 지었다.

■ ■ '룰 파괴자'가 시장을 먹어치우는 법

호텔이 돈을 버는 주요한 방법은 수요가 고점일 때 숙박료를 높게 책정할 수 있는 능력, 즉 '압박 가격 결정Compression pricing'이다. 그러한 날은 1년 중 10~15퍼센트에 불과하지만, 이는 매출의 주요한 원천이 된다. 그렇다면 에어비앤비는 어떨까? 호텔과 달리 에어비앤비는 대형 이벤트가 개최돼도 숙소의 공급이 즉각적으로 늘어나 수요를 맞출 수 있다. 과거에 여행객들은 비싸진 호텔 숙박료를 울며 겨자 먹기로 내거나 적정한 가격의 방을 찾기 위해 교외 지역까지 멀리 나가야 했다. 하지만 이제는 에어비앤비로 발길을 돌리기만 하면 된다. 이러한 에어비앤비의 특수성 때문에 많은 호텔 경영자는 '겁'을 먹고 있다.

아직까지 재무적으로 미미한 영향을 받고 있는 중소형 호텔 업체들에게도 에어비앤비의 존재는 위협으로 작용할 것이다. 빠른 성장 속도와 제로에 가까운 한계비용으로 에어비앤비는 거의 하룻밤 만에 새로운 시장으로 확장할 가능성을 지녔기 때문이다.

과거 몇 년 동안 무대 뒤에서 조용히 활동해온 호텔 경영자들은 에어비앤비를 압박하기 위해 대대적으로 의기투합했다. '미국 호텔 및 숙박업 협회American Hotel and Lodging Association'는 뉴욕과 샌프란시스코에서 벌어진 '반 에어비앤비' 운동에 적극적으로 참여했다. 호텔 경영자들은 홈셰어링 자체를 반대하는 게 아니라, 에어비앤비를 통해 대여 전용으로 사용되는 '불법 호텔'을 저지한다고 주장했다. 또한 에어비앤비가 호텔과 같은 수준으로 운영되어야 한다고 말한다. 호텔처럼 호스트 역시 화재 안전, 질병 예방, 세금 납부 등에 대해 숙박 업계의 기준을 따라야 한다고 말이다. 한때는 귀여웠지만 이제는 헤비급 거물이 된 '룰 파괴자' 에어비앤비를 제멋대로 확장하도록 놔두는 것은 공정한 게임이 아니라고 주장한다.

그럼에도 불구하고 에어비앤비는 점차 시장을 확장해나가고 있다. 이제는 호텔 산업의 핵심인 '비즈니스 출장'까지 겨냥하기에 나섰다. 출장은 수익성이 좋은 시장 분야인데, 불미스러운 일이 발생할 경우 기업주에게 책임이 돌아가기 때문에 고객들은 특히나 안전에 까다롭다. 이에 에어비앤비는 2015년에 '비즈니스 트레블 레디Business Travel Ready'라는 프로그램을 론칭했다. 집 전체를 대여하는 숙소 중에 리뷰와 응답 비율을 만족하고, 24시간 체크인이 가능하며, 와이파이 및 노트북 사용이 편리한 작업 공간, 옷걸이, 다리미, 헤어드라이어, 샴푸를 제대로 갖춘 숙소에게 자격을 부여하는 프로그램이다. 호스트들을 이 프로그램에 적극적으로 끌어들이기 위해 특별한 로고를 부여하고, 고액 연봉자와 출장을 자주 가는 비즈니스맨에게 로고가 부착된 숙소를 잘 보이게끔 했다. 출장 여행객들은 주로 비성수기에 방문하기 때문에 호스트의 입장에서도 매력적인 옵션이었다. 현재 에어비앤비의 출장 프로그램 사이트에는 "장기 출장, 워크숍, 단체 출장 등 모든 종류의 출장에 적합합니다"라는 문구가 쓰여 있다.

2016년 봄, 에어비앤비는 1만 5000여 개의 기업이 에어비앤비의 숙소를 이용했다고 발표했다. 이용 기업들 대부분은 직원들이 비정기적으로 출장을 가는 중소 업체들이었지만, 모건스탠리Morgan Stanley, 구글과 같은 거물급 기업들도 여럿 있었다. 몇 개월 후에 에어비앤비는 규모가 큰 기업을 대상으로 하는 여행사 몇 군데와 파트너십을 맺었다. 이는 곧 '출장 여행 업계'가 에어비앤비를 받아들이고 있음을 보여준다. 파트너십을 맺은 회사 중 한 곳인 '칼슨 웨건리트 트레블Carlson Wagonlit Travel'은 10명의 출장자 중 1명이 에어비앤비를 이용했고, 밀레니얼 세대만을 대상으로 한다면 이 비율이 21퍼센트까지 올라갔다고 밝혔다. 파트너십 성사가 발표되던 날, 웹사이트 '쿼츠Quartz'는 "호텔들이 진정으로 에어비앤비를 우려해야 할 때다"라는 헤드라인 기사를 올렸다.

이에 대해 콘리는 출장 여행이 에어비앤비의 매출에서 차지하는 비중이 기존 호텔들의 매출에서 차지하는 비중보다 여전히 작을 거라고 말하면서도, 향후 출장 여행이 에어비앤비 사업의 20퍼센트까지 성장할 것이라 예측했다. 그는 출장을 목적으로 에어비앤비를 이용하는 사람들은 상대적으로 젊고 여행 중의 행동 양식이 다르다고 설명한다. 그들은 좀 더 오래 묵는 경향을 보이는데, 평균 6일 정도를 보낸다. 콘리는 레저와 출장을 겸하려는 여행객이 늘어나는 트렌드 덕분에 점차 이쪽으로 시장이 확대될 것이라고 이야기했다.

드러내놓고 홍보하지 않지만, 에어비앤비는 신혼여행 시장까지도 공략하고 있다. 에어비앤비 사이트에는 '최고의 신혼여행을 위한 숙소'라는 이름의 위시리스트가 공개돼 있다. 2016년을 기준으로 이 리스트에는 돌로 지은 16세기 영국 집, 이탈리아의 빌라, 캘리포니아 모롱고밸리의 목장 등이 포함되어 있었다. 아직까지 그 숙소들에는 특정한 로고가 부착되어 있지 않지만, 그렇게 되는 것은 사실상 시간문제라고 본다.

이 모든 점을 살펴보면 에어비앤비는 분명 호텔 산업 전체에 도전장을 내밀고 있다. 그러나 호텔 산업이 진정으로 두려워해야 할 것은 '얼마나 많은 에어비앤비 사용자들이 에어비앤비를 좋아하는가?'이다. 골드만삭스Goldman Sachs는 '사용자간 숙박 나눔'에 대한 인식을 측정하기 위해 2000여 명의 소비자들을 대상으로 설문조사를 벌였다. 그 결과에 따르면, 2015년 초에 24퍼센트였던 인식도가 2016년 초에는 40퍼센트로 상승했다. 더불어 에어비앤비를 통해 5박 미만으로 숙박을 한 소비자들도 '선호의 극단적 변화(호텔에서 에어비앤비로)'를 보였다. 조사자들은 에어비앤비를 통해 여행해도 괜찮겠다고 생각하는 소비자들의 인식 변화에 대해 호텔 업계가 특히 주목해야 한다고 덧붙였다.

■ ■ 건방진 놈들의 도전

물론 호텔 산업의 파괴는 예전에도 계속 이루어져왔다. 콘리가 지적했듯이 1950년대에 생겨난 '거대 호텔 체인'이라는 아이디어는 충분히 파괴적이었다. 그러나 그때 이후로도 호텔 산업은 수많은 '건방진 놈'의 도전을 겪어야 했다. 1960년대에 유럽의 몇몇 사업가들은 레저 여행과 부동산 소유에 대한 참신한 아이디어를 가지고 등장했다. 자산의 일부를 사용할 권리를 소유함으로써, 대여하지 말고 자기 소유의 부동산에서 휴가를 즐기라는 개념이었다(회원권을 가진 사람들이 일정 한도 내에서 콘도를 이용하는 산업을 의미). 이 새로운 숙박 서비스 형태는 사람들의 마음을 사로잡았고, 곧바로 미국으로 확산됐으며, 현재의 '공동 소유 산업'이 탄생하는 계기를 마련했다.

1984년에는 '스튜디오 54Studio 54(뉴욕의 나이트클럽)'의 대표 이언 쉬라거Ian Schrager가 뉴욕 메디슨 가의 오래된 건물을 개조해 '모건스 호텔Morgans Hotel'을 선보임으로써 새로운 호텔 콘셉트를 제시했다. 디자인과 사교 공간에 집중한 이 호텔은 멋을 아는 사람들을 매료시켰고, 얼마 지나지 않아 뉴욕의 명소로 자리 잡았다. 이 무렵에 콘리 역시 조이 드 비브리 호텔로 시장에 뛰어들었는데, 샌프란시스코에 있던 낡은 호텔인 피닉스Phoenix를 8만 달러에 인수한 뒤 20만 달러를 들여 개조해 뮤지션들을 타깃으로 한, 반항적이고 록스타 분위기가 물씬 흐르는 호텔로 재개장했다.

전통적인 호텔 체인들은 이러한 부티크 호텔의 등장을 달갑지 않게 생각했다. 하지만 신세대 여행객들은 그들의 멋진 디자인과 사교적인 매력에 푹 빠졌고, 결국에는 부티크 호텔의 매출이 호텔 체인들을 능가하기 시작했다. 쉬라거는 《뉴욕타임스》와의 인터뷰에서

"저는 우리가 한 일이 호텔 산업의 미래라고 생각합니다. 독특하고 특색 있는 것을 가지고 있다면, 사람들은 그것을 보려고 문을 두드릴 것입니다"라고 말했다.

이에 호텔 체인들은 곧바로 부티크 호텔들을 따라 하기 시작했다. 1998년에 스타우드Starwood는 'W'라는 브랜드를 론칭했고, 비슷한 브랜드들이 여기저기서 등장했다. 최근에 메리어트는 쉬라거와 손을 잡고 '에디션Edition'이라 불리는 새로운 브랜드를 개발했다. 지금까지 총 네 군데에 세워진 이 호텔은 최신 유행의 디자인에 초점을 맞춰 설계됐기 때문에 일반적인 메리어트 호텔과는 비슷한 구석을 전혀 찾아볼 수 없다.

최근 몇 년 동안 호텔 산업에는 또 하나의 커다란 위협이 불어 닥쳤다. 트래블로시티Travelocity, 익스피디아Expedia, 프라이스라인Priceline, 오비츠Orbitz와 같은 온라인 여행사들의 등장이었다. 이는 여행객이 한 사이트에만 접속하면 여러 호텔들을 비교 검색하여 최저가 호텔을 선택할 수 있도록 만든 서비스였다. 몇 년 동안 온라인 여행사들은 호텔 체인의 사업에서 매우 작은 비중을 차지할 뿐이었다. 호텔 업계가 이들을 통한 예약에 비싼 수수료를 부과했기 때문이다. 그러나 9·11 테러의 발발로 여행 수요가 급격히 줄어들면서 온라인 여행 사이트가 빈 객실을 채울 수 있는 용이한 수단으로 떠올랐고, 호텔들은 이들에게 좀 더 많은 예약 가능분을 용인해주었다. 한번 이렇게 형성된 관계를 되돌리기란 어려웠고, 시간이 흐르면서 온라인 여행사들은 더 좋은 조건을 요구할 수 있는 영향력을 갖게 됐다. 현재 프라이스라인은 시장 가치 측면에서 볼 때 메리어트와 힐튼, 하얏트Hyatt를 모두 합친 것보다 더 크다.

그러나 온라인 여행사들이 아무리 파괴적이었다고 한들 경쟁력 있는 새로운 숙소를 제공하지는 못했다. 그래서 수많은 호텔 체인 업체는 온라인 여행사로부터의 위협을 가까스로 견뎌낼 수 있었다. 하지만 에어비앤비는 달랐다. 아마존이 월마트Wal-mart를 파괴한 것처럼, 에어비앤비로 대표되는 '사용자 간 숙소 공유'는 사실상 호텔 업계가 최초로 직면한 '대안적 숙박 모델'이었다.

■ ■ 역공에 나서다

호텔 업계는 오랫동안 에어비앤비를 무시했으나, 서서히 그들의 도전에 맞서기 시작했다. 호텔 경영자들은 업계 행사 때마다 공개적으로 에어비앤비를 입에 올렸다. 2016년에 열린 'NYU 국제 숙박 서비스 컨퍼런스NYU International Hospitality Industry Investment Conference' 에서는 여러 명의 CEO가 무대 위로 올라와 에어비앤비가 왜 호텔의 경쟁 상대가 되지 못하는지를 지적하고, 호텔만이 가진 강점을 강조했다. 호텔은 사람과 서비스에 초점을 맞추고 있다는 점, 호텔을 원하는 고객은 앞으로도 계속 있을 거라는 점, 그렇기 때문에 호텔은 이러한 강점에 더욱더 집중해야 할 필요가 있다고 역설했다.

하지만 그중에서도 몇몇은 호텔 산업이 촉각을 곤두세워야 한다고 주장했다. 칼슨 레지도르 호텔Carlson Rezidor Hotel 그룹의 수석 부사장인 자비에 로젠버그Javier Rosenburg는 에어비앤비의 고객에게는 호텔 이용객과는 다른 독특한 측면이 있지만, 그럼에도 그들의 성공에서 배울 점이 많다고 이야기했다.

"'우리 집처럼 편안한 곳'이라는 콘셉트가 고객들에게 제대로 먹혀들어갔습니다. 호스트가 된다는 것은 바로 이런 콘셉트를 지향한다는 것이죠. 호스트가 진심으로 게스트를 환영하고, 일주일가량을 게스트에게 헌신합니다. 리더로서 우리는 에어비앤비의 강점을 어떻게 활용할 수 있을까요?"

호텔 업체들은 이미 새롭고 거대한 고객 기반이 된 밀레니얼 세대를 포섭하기 위해 자신들의 사업을 재조정하고 있다. 밀레니얼 세대의 습관과 취향이 이전 세대와는 현저하게 다르기 때문이다. 과거 몇 년 동안 거의 모든 호텔 체인들은 젊은 세대에게 초점을 맞춘 새로운 브랜드를 만들어내느라 애썼다. 메리어트는 쉬라거와 함께 젊고 비용에 민감한 여행객들을 위해 세계적 호텔 체인인 '목시Moxy'와, 좀 더 세련된 도시 기반의 호텔 체인 '캐노피Canopy'를 론칭했다. 베스트웨스턴Best Western은 교외 지역에 '글로GLô', 도시 지역에 '비브Vib'라는 두 개의 부티크 호텔을 열었다. 거의 모든 호텔 업체들이 열쇠 없이 출입을 가능하게 하거나, 유·무료 비디오 콘텐츠를 확대하거나, 스마트폰 충전 포트를 설치하고 우버와 파트너십을 맺는 등 밀레니얼 세대를 잡을 수 있다고 여겨지는 모든 수단과 방법을 동원하고 있다. 또한 스마트폰 애플리케이션을 통해 룸서비스를 요청하게 하는 시도도 계속하고 있다.

호텔 업체들은 에어비앤비를 앞으로 나아가게 했던 바로 그 '소비자 이동'에 편승하고 있으며, 표준화된 서비스가 아닌 자신들만의 독특한 콘셉트를 내세워 마케팅을 펼치고 있다. 하얏트의 CEO인 마크 호플라마지언Mark Hoplamazian은 프로세스, 정책, 매뉴얼 등을 뜯어고침으로써 더 많은 감성적 요소로 게스트의 여행 경험이 채워지도록 했다. 예를 들어 컴퓨터에 의존하지 않고 눈과 눈을 마주한 상호 작용을 늘리는 방안으로 체크인 프로세스를 개선했다. 그는 직원들의 용모 기준까지 없애버렸으며, 자신이 원하는 옷을 입도록 권하고 매뉴얼에 얽매이지 않고 거리낌 없이 자기 모습 그대로를 표현하도록 지시했다. 그는 이러한 방침이 숙박 서비스가 '인간적인 면모'를 회복하는 시작점이 될 거라고 말했다.

2016년 중반 무렵, 부티크 호텔 업체들이 뉴욕에서 열린 '부티크 및 라이프 스타일 숙박업 협회Boutique and Lifestyle Lodging Association'의 연례 투자 컨퍼런스에 모였을 때, '원조 산업 파괴자' 격인 스튜디오 54의 대표 쉬라거가 무대 위로 나와 '호텔리어들이 우려해야 할 점'에 대해 이야기를 했다. 그는 "에어비앤비는 우리 아이들 세대에서 나온 산업입니다"라고 말하고는, 호텔 업체들이 대응하길 원하든 그렇지 않든 간에 에어비앤비야말로 '호텔 산업의 가장 큰 위협'이라고 덧붙였다. 그의 말에 영향을 받은 협회는 공식적으로 '혁신적 파괴 위원회Disruption Committee'를 조직해 호텔 산업이 어떻게 혁신할 수 있는지, 그리고 어떻게 경쟁에 적응해야 하는지를 규명하고자 했다.

그렇다면 지금까지 가장 진보적인 변화를 꾀한 호텔 업체는 어디일까? 바로 프랑스의 다국적 숙박 서비스 체인이자, 호텔 브랜드 소피텔Sofitel, 래플스Raffles, 페어몬트Fairmont를 소유한 '아코르호텔스Accor Hotels'다. 이 호텔은 매우 공격적으로 공유경제에 진입했다. 2016년 2월에 아코르호텔스는 마이애미에 있는 '오아시스 컬렉션스Oasis Collections'의 지분을 30퍼센트 인수했다고 발표했다. 오아시스 컬렉션스는 단기 대여 숙소를 부티크 호텔의 서비스 수준으로 제공하는 스타트업이다. 또 같은 날에는 '스퀘어브레이크Squarebreak'라는 프랑스의 단기 대여 스타트업에 투자한다는 사실도 발표했다. 몇 개월 후 그들은 '원파인스테이Onefinestay'를 1억 7000만 달러에 인수하는 등 지금껏 가장 큰 행보를 보였다. 이 인수 금액은 아코르호텔스에게는 별것 아니었지만, '대안 숙박'이 기존의 숙박 서비스 브랜드들 속에서 확고히 자리를 잡았다는 첫 번째 가치 평가라는 데에 큰 의의가 있다. 아코르호텔스의 CEO 세바스티앙 바진Sastien Bazin은 그러한 기업들이 호텔 산업으로 편입되는 변화에 대해 매우 솔직하게 말한다. 바진은 여행 뉴스 사이트인 '스키프트Skift'와의 인터뷰에서 이렇게 말했다.

"공유경제에 대항하여 싸우는 것과 마찬가지로, 새로운 콘셉트와 새로운 제안, 새로운 서비스에 대항하여 싸우는 것은 정말로 바보 같고 무책임한 일입니다. 이것이 바로 우리가 가야 할 길입니다. 이 모든 새로운 서비스는 대단히 강력하고 잘 구현되어 실행되고 있습니다. 우리는 그것을 받아들여야 합니다."

■■ 빈틈을 노린 라스트무버의 등장

이제 단기 대여 스타트업은 사실상 하나의 산업을 형성하고 있다. 에어비앤비보다 먼저 창업했든 나중에 창업했든, 이 산업계에는 이 제 루모라마Roomorama, 러브 홈 스와프Love Home Swap, 스테이 알프레드Stay Alfred 등 수십 개의 기업들이 활동하고 있다. 몇몇 기업들은 여행 산업의 거물들에게 인수됐고(트립어드바이저TripAdvisor는 플립키FlipKey와 하우스트립HouseTrip을, 프라이스라인은 부킹닷컴booking.com을 인수했다), 2015년 가을에 익스피디아는 업계의 베테랑인 홈어웨이와 120만 개 이상의 숙소 리스트를 인수하는 데에 39억 달러를 지불했다.

단기 대여라는 대담하고 새로운 아이디어가 점점 인정을 받기 시작하자, 몇몇 신규 진입자들은 독특하게 변형된 콘셉트를 제공하기 시작했다. 원파인스테이는 대단히 큰 주목을 받은 첫 번째 신규 진입자였다. 기술과 경영을 전공한 세 명의 친구가 2009년에 창업한 이 회사는 '고도의 품질과 감성을 지닌 단기 대여 서비스'라는 자신들만의 틈새시장을 창출했다(그들은 이를 '상류층을 위한 에어비앤비'라고 표현한다). 일단 호스트가 되고자 하는 사람은 자신의 거주지를 승인받기 위한 일종의 심사를 받아야 하는데, 구비해놓은 와인 잔의 개수, 매트리스의 두께와 같은 일정 기준을 만족해야 한다. 회사 직원들은 예약한 게스트가 오기 전에 미리 각 숙소를 방문해 청소와 정리 상태는 물론이고, 침대 시트를 교환하여 이전에 누군가가 사용한 흔적을 깨끗이 지우고, 고급스러운 이불과 시트로 침대를 덮고, 샴푸와 비누를 가져다놓는 등 럭셔리하게 집을 단장해준다.

이 회사는 스스로를 '비 호텔Unhotel'이라고 표현하는데, 체크인을 할 때 게스트를 맞이하도록 직원을 배치하는 것은 물론이고, 게스트가 묵는 동안 개인용 아이폰을 준비해두고, 24시간 원격 도우미 서비스를 제공하여 룸서비스를 요청하면 주변 업소들을 통해 음식을 배달해주는 등 세심한 배려를 아끼지 않는다. 이런 고급 서비스 모델은 럭셔리한 멋을 풍기는 숙소를 엄선해야 하기 때문에 에어비앤비처럼 규모를 확장하기가 쉽지만은 않다. 그래서 지금까지 이 회사는 5개 도시에서 2500여 개의 숙소만을 운영하고 있다. 그럼에도 다른 업체들에 비해 입소문을 타고 크게 성장한 편이다.

2006년, 뉴욕에 살던 파크 스탠베리Parker Stanberry는 미라맥스 필름스Miramax Films가 디즈니Disney에서 분사되던 시기에 실직을 당했다. 그는 3개월 동안 아르헨티나의 부에노스아이레스에서 지내기로 결심하고는 머물 곳을 찾았다. 부동산 중개인과 크레이그리스트를

파괴와 혁신의 역사

끼고 어렵고 복잡한 절차를 거쳐 머물 집을 찾았지만, 막상 그곳에 가보니 서비스가 기대한 수준에 미치지 못했다. 부티크 호텔에서 제 공하는 개인화된 감성과 생동감 있는 바, 사교적인 느낌이 부족했던 것이다. 이러한 계기로 그는 부티크 호텔의 요소를 단기 대여 아파 트에 적용한 '오아시스 컬렉션스'라는 사업체를 구상하기에 이르렀 다. 당시에 에어비앤비는 존재하지 않았고, 스탠베리의 방식은 무척 색달랐다. 일단 사업 범위가 작았고, 개인 간 숙소 공유도 아니었으 며, 좀 더 서비스 지향적이었다. 그래서 직원들을 숙소에 배치시켜 게스트의 체크인과 체크아웃을 돕게 하고, 회원 전용의 클럽을 숙소 근처에 마련했으며, 소울사이클SoulCycle(실내 운동용 자전거를 중심으로 한 헬스클럽) 등에 무료로 입장할 수 있게 했다. 그는 이 비즈니스 모 델을 일컬어 '해체된Deconstructed 부티크 호텔'이라고 부른다. 오아 시스는 현재 25개 도시에 2000여 개의 숙소를 보유하고 있는데, 숙 박료가 120달러에서 시작하기 때문에 원파인스테이보다는 조금 더 넓은 지역을 커버하고 있고, 향후에는 100여 개 도시로 확장하겠다 는 목표를 세우고 있다(오아시스에 등록된 숙소들 중 상당수는 에어비앤비 나 홈어웨이와 같은 사이트에도 동시에 등록돼 있다).

오아시스는 어느 정도 성공을 거두었다. 2016년 리우 올림픽 기 간 동안 이 회사는 나이키, 비자Visa, BBC(영국의 공영 방송) 등에서 온 출장자들을 게스트로 받았다. 스탠베리는 "그들은 통합 연락처로 연락해서 '직원들이 사용할 중간 수준의 숙소 몇 곳, VIP를 위한 고 급 숙소 50곳, 운동선수와 CEO들을 위한 빌라 몇 채가 필요하다'

는 식으로 말했습니다. 우리의 비즈니스는 그것들을 제공할 수 있었죠"라고 말했다. 더불어 그는 에어비앤비의 성공에 뒤이어 단기 대여 사이트들이 '골드러시'에 뛰어들고 있다는 점을 인정했다.

이제 막 창업을 한 '손더Sonder'라고 불리는 '하이브리드(호텔과 단기 대여를 혼합한다는 의미) 기업'도 주목할 필요가 있다. 손더는 '플랫북Flatbook'이라는 기존의 회사를 재창업한 회사인데, 스스로를 '홈텔Hometel(Home과 Hotel의 합성어)'이라고 부르며 단기 대여 숙소에서 호텔의 분위기를 느끼도록 하는 사업에 집중하고 있다. 다른 회사들과 마찬가지로, 이들 역시 거대 단기 대여 사이트(이를테면 에어비앤비)들의 일관적이지 못한 서비스를 집중 공략해 사업을 펼치고 있다. 최근에 손더는 1000만 달러의 투자를 유치해냈다. 호텔에 새로운 개념을 부여하는 기업들도 떠오르고 있는데, 주로 브룩클린의 외딴 호텔을 유연한 방식으로 공유하는 '커먼Common'이 있고, 스스로를 '도시 탐험자들을 위한 본거지'라고 지칭하는 새로운 호텔 브랜드 '알로Arlo'가 있다.

이들은 모두 거대한 성장을 이뤄가고 있는 '대안 숙박' 산업 내에서 발 빠르게 주류를 형성하고 있다. 그리고 숙박 서비스 산업 내의 상당수 기업들은 그 주류에 합류하기를 원하고 있다. 이러한 기업들을 따로따로 구분하는 방법은 아주 많지만, 흥미롭게도 많은 웹사이트의 디자인과 문구, 그리고 리뷰 시스템 모두가 에어비앤비와 묘하게 닮은 분위기를 풍긴다. 그럼에도 이들 모두는 우리네 아버지 세대가 즐겨 이용한 호텔 방에는 없는 색다른 느낌을 선사함에는 틀림이 없다. 오아시스의 스탠베리는 이러한 기업들에 대해 "숙박이라는 파이 속에서 점점 성장하는 의미 있는 공간입니다. 그리고 그것이 계속 성장한다는 사실에는 의심의 여지가 없습니다"라고 말했다.

■ ■ 밀레니얼 세대, 산업의 지형을 바꾸다

물론 호텔을 위한 시장은 앞으로도 존재할 것이다. 서비스가 얼마나 고급이든 간에 많은 사람은 여전히 누군가의 집이나 아파트를 호텔보다 더 불편해할 것이다. 매리어트의 소렌슨 회장은 우버가 뜬 한 가지 이유가 '서비스의 품질 수준이 택시보다 극적으로 높기 때문'이라고 주장했다. 많은 도시의 택시 서비스는 끔찍한 수준이고, 그마저도 잡기가 쉽지 않다. 그는 《서피스Surface》라는 잡지와의 인터뷰에서 "저는 호텔리어로서 우리가 에어비앤비보다 더 높은 수준의 서비스를 제공할 수 있으리라 생각합니다. 그래서 우리는 택시 업계와 같은 리스크를 겪지 않을 것입니다"라고 말했다. 베스트웨스턴의 CEO 데이비드 콩David Kong 역시 "에어비앤비가 줄 수 없는 많은 것을 호텔이 제공할 수 있다"고 말했다. 에어비앤비의 숙소에서는 로비나 사교 공간, 손님을 맞는 직원을 기대할 수 없거니와 프론트에 전화를 걸어 담요를 추가로 요청하거나 고장난 시설을 고쳐 달라고 말할 수 없기 때문이다. 그는 "그런 것은 오직 호텔에만 있습니다"라는 말로 인터뷰를 마쳤다.

여행에 모든 것을 바칠 정도로 열성적인 나의 옛 동료는 누군가의 집에서 묵는 일 따위는 절대 하지 않을 거라며 단호하게 말했다.

"나는 내 아파트보다 더 큰 곳을 원해. 보송보송한 침대보에 커다란 텔레비전, 정말로 좋은 에어컨이 있는 방 말이야. 게다가 나는 종업원들이 카트에 무언가를 싣고 들어오는 느낌이 좋아."

솔직하게 말해 나 역시 돈을 펑펑 쓸 수 있다거나 회사가 숙박료를 내주는 상황이라면 에어비앤비보다는 고급 호텔에 묵고 싶은 마음이 든다.

하지만 숙박 업계의 지형이 눈앞에서 변화하고 있다는 것은 의심의 여지가 없는 사실이다. 모 호텔 업체의 고위 임원이었던 사람은 처음에 에어비앤비와 같은 기업들의 위협을 무시했는데, 이제와 돌이켜 생각해보니 그 이유를 알게 됐다고 털어놓았다.

"저는 40대로서 저만의 개인적인 취향에 젖어 있었습니다. '침대 시트는 어쩌지? 매트리스는? 어떻게 열쇠를 받지?' 이렇게 저는 나이 든 사람처럼 모든 걸 두려워했습니다."

반면 젊은 세대는 그가 가졌던 두려움과 편견 없이 자랐고, 에어비앤비가 있는 세상에 더 익숙하다. 그들은 '디지털 원주민(태어날 때부터 디지털 기기에 둘러싸여 성장한 세대)'이면서 동시에 '에어비앤비 원주민'이다. 이들 중 상당수가 호텔에서 묵는 것을 일반 전화로 통화하는 것처럼, 은행 업무를 보려고 직접 지점에 찾아가는 것처럼, 혹은 본방송 시간에 텔레비전 프로그램을 보려고 귀가하는 것처럼 촌

스럽고 생경하게 느낀다. 그 임원은 "에어비앤비가 세대 전체를 교육했습니다"라고 말했다. 그러고는 이 회사의 세력이 강해질수록 막대한 데이터를 활용해 소비자가 원하는 것을 더욱 정밀하게 예측하고 더 정확히 제공할 수 있게 될 거라고 말했다.

"저는 우버나 에어비앤비에 반대한다는 도박에는 단 1퍼센트도 걸지 않을 겁니다."

■ ■ 적과의 동침인가, 파트너십의 시작인가?

그래서 결국에는 거대 호텔들이 양쪽 시장(호텔과 단기 대여)에 최선을 다하기 위해 단기 대여 사이트들과 더 많은 파트너십을 맺을 것이라 전망된다. 아코르호텔스가 원파인스테이를 인수하기 전, 그리고 하얏트가 스타트업에 투자할 당시, 두 회사는 런던에서 파일럿 프로그램 하나를 시험했다. 원파인스테이의 게스트들이 체크인 전에 도착하면 '하얏트 레지전시 런던'에 짐을 보관하고, 호텔 샤워실을 이용하며, 운동을 하거나 식사를 할 수 있도록 한 것이었다. 유럽과 미국의 저가 호텔 체인으로 새롭게 등장한 '룸메이트Room Mate'도 '엄선된 아파트 컬렉션'을 제공하는데, 이 옵션을 선택한 게스트들은 컨시어지 센터 등의 호텔 서비스를 이용할 수 있다. 게스트들은 호텔에서 열쇠를 받아 아파트에 입실한다. 심지어는 룸서비스를 주문할 수 있고, 묵는 동안 얼마나 자주 숙소를 청소하기 바라는지 선택할 수 있다. 많은 호텔 기업은 이것이 앞으로 더욱 확산되고 적용될 '정당한 모델'로 인정하고 있다.

숙박 업계의 애널리스트들은 이러한 객실의 유통 과정을 보며, 이미 호텔들이 에어비앤비처럼 변모했다고 간주하기도 한다. 에어비앤비는 수백만 명의 여행객에게 접근할 수 있는 가장 강력한 마케팅 플랫폼이 됐다. 몇몇 호텔들은 게스트를 끌어들이는 방법으로써 에어비앤비를 인정하고 있다. 전 세계적으로 플랫폼에 등록된 30만 개 이상의 주택과 공간들이 전문적인 숙박 서비스 제공자나 민박 운영자에 의한 숙소로 분류되고 있는 실정이다. 체스키는 게스트에게 좋은 경험을 제공하기만 한다면 에어비앤비에서 그런 유형의 숙박 거래가 발생하는 것을 용인한다고 말했다.

"민박 업소도 좋고 부티크 호텔도 좋습니다. 나는 소기업과 전문 업체들이 에어비앤비에서 전문적 숙박 서비스를 제공할 수 있다는 가능성을 발견하면 좋겠습니다."

여전히 몇몇 호텔 산업의 리더들은 이것을 '적과의 동침'이라고 생각한다. 에어비앤비라는 문제에 대해 이지적이지만 확고한 접근 방식을 취하는 베스트웨스턴의 CEO 콩은 이것이 온라인 여행사에 너무 의존했던 과거의 실수를 반복하는 것과 유사한 '심각한 실수'가 될 거라고 경고했다. 그는 블로그를 통해 "성공은 절대 실수 없이 이루어지지 않지만, 같은 실수를 두 번 반복해서는 절대로 성공할 수 없다"라는 조지 버나드 쇼의 말을 인용했다.

양측의 관계는 점점 긴장을 더해가는 듯 보인다. 에어비앤비는 지속적으로 호텔과 우호적인 관계를 맺길 원하고, 경쟁을 벌이고 싶지 않다고 말한다. 그러나 이러한 말들은 실제 그들의 비즈니스 모델과는 부합되지 않는다. 애초에 그들의 비즈니스는 '여행객들이 호텔처럼 쉽게 누군가의 집을 예약하도록' 만들어졌기 때문이다. 무엇보다도 에어비앤비는 출장객들을 위한 별도의 서비스나, 호텔처럼 여행객들이 호스트의 승인을 기다리지 않고 곧바로 방을 예약하도록 만든 '즉시 예약 서비스'를 추가하고 있다.

사업 초창기부터 세 창업자들은 호스트들에게 5성급 호텔보다 우월한 '7성급 서비스'를 제공하도록 독려하자는 이야기를 나눴다. 체스키는 2013년에 나눈 한 대담에서 사람들이 호텔에 묵는 세 가지 이유를 펼쳐 보였다. 마찰 없이 원활하게 예약이 가능한 점, 예측이 가능한 시설 상태, 훌륭한 서비스가 바로 그것이었다. 그리고 그는 이 세 가지 이유에 에어비앤비가 하나씩 대응할 것이라고 언급했다. 에어비앤비는 점점 더 원활한 예약 경험을 고객에게 선사할 것이고, 시간이 흐르면서 더욱 일관된 '숙박 제품'을 제공할 것이며, 모든 서비스를 누구나 제공할 수 있도록 진화할 것이다. 전직 부동산 잡지의 편집장이 만든 블로그 커브드닷컴curbed.com은 "이제 에어비앤비 대 호텔 산업의 갈등에 주목해야 할 때다. 둘은 우리 시대의 진정한 라이벌이다"라고 말했다.

에어비앤비의 본사 안으로 들어가면 어디서나 볼 수 있는 글귀 하나가 있다. 마하트마 간디Mahatma Gandhi의 명언으로, 2013년에 콘리는 첫 출근을 하던 날 400여 명의 직원 앞에서 이 명언을 다시 인용하기도 했다. 그리고 이 명언은 아직까지도 에어비앤비 안에서 자주 회자되고 있다. 내가 호텔과의 경쟁에 관해 질문을 던졌을 때도 세 명의 창업자들은 그 말을 나에게 들려주었다.

"처음에 그들은 당신을 무시하다가 당신을 비웃고 그다음에는 당신에게 싸움을 걸어온다. 그러면 당신은 승리할 것이다."

제6장

리더로
성장하는 길

실리콘밸리의 정석을 깨고
'새로운 경영의 교과서'를 쓰다

"
전장 한복판에 선 병사나
스타트업을 경영하고 있는 기업가에게
학습할 시간 따위는 없다.
"

– 로버트 맥나마라

"저는 짧게나마 브라이언 체스키를 소개하고 싶군요."

2016년 3월, 오바마는 쿠바의 아바나에 마련된 연단에 서서 이렇게 말했다. 이 자리는 미국과 쿠바 사이의 통상 관계 재개를 축하하는 행사였다. 그는 쿠바와의 외교 관계가 회복된 이후에 쿠바에서 사업을 펼치고 있는 미국의 기업가 몇몇을 대표단으로 데리고 갔다. 그중에는 체스키와 함께 실리콘밸리의 떠오르는 스타트업 '스트라이프'와 '키바Kiva'의 CEO들이 포함돼 있었다.

그중에서도 체스키는 오바마가 '자랑'한 유일한 사람이었다. 오바마는 청중을 향해 이렇게 말했다.

"브라이언을 모르는 쿠바인들을 위해 말씀드리자면, 일단 그는 무척 젊습니다. 그와 공동 창업자들이 함께 설립한 에어비앤비는 우연히 떠오른 '하나의 작은 아이디어'에서 시작됐습니다. 브라이언, 창업한 지 얼마나 됐죠?"

연단과 가까운 곳에 앉아 있던 체스키는 "8년"이라고 대답했다.

"그렇다면 현재 기업가치는 얼마나 되나요?"

체스키가 대답하기를 주저하자 오바마는 "겸손해하지 마세요"라며 가벼운 농담을 건넸다. 체스키는 "250억 달러"라고 답했다.

"250억 달러라고 합니다."

오바마는 다시 한 번 큰 목소리로 그의 대답을 반복해 말했다. 그는 체스키가 미국에서 가장 탁월한 젊은 기업가라는 설명을 이어가며 에어비앤비에 대한 칭찬을 늘어놓았다. 마치 에어비앤비를 자주 이용해봤다는 듯이, 독일에 있는 사람이 에어비앤비의 사이트에 들어와 쿠바에 있는 집을 검색하고 호스트가 누구인지 확인한 뒤 리뷰를 살펴본다는 구체적인 예시까지 소개했다. 그러면서 체스키야말로 인터넷 인프라에 올바른 투자를 촉발시키는 가장 훌륭한 모델이라고 이야기했다.

창업한 지 9년이 지난 지금도 에어비앤비는 여전히 '급성장 단계'를 이어오고 있다. 와이 콤비네이터의 일원이었던 시절 화장실 거울에 붙여둔 하키 스틱 모양처럼, 매년 매출이 곱절 혹은 그에 가깝게 증가하고 있는 것이다. 스타트업의 성장 단계에 있어 이른바 '폭발적'이라고 할 만한 성장은 대개 1~2년 혹은 길어야 3년 정도 지속되는 게 보통이다. 하지만 에어비앤비는 2009년부터 줄곧 급성장을 이뤄내고 있다. 다만 수직적인 성장을 지속하면서 세 명의 창업자들은 지독한 현기증에 시달려야 했다. 단 한 번도 경영을 제대로 경험해본 적이 없었기 때문이다.

'성장을 유지한다' 혹은 '성과를 뛰어넘는다'라는 말을 기술 산업계의 용어로 표현하면 '범위를 확장한다'이다. 실리콘밸리의 역사를 살펴보면 회사가 특정 규모에 도달할 때 파워 게임에서 밀려나거나 성희롱 사건과 같은 불미스러운 일에 휘말려 회사를 떠난 창업자들의 사례로 가득하다. 하지만 체스키와 게비아, 블레차르지크는 아직까지 사이좋게 지내고 있으며, 9년이 지난 지금도 자신들이 띄워 올린 로켓을 직접 조종하고 있다. 지난 몇 년 동안 그들의 역할은 각자가 가진 강점에 적합하도록 진화를 거듭했다. 물론 항상 평탄한 길을 걸어온 것만은 아니었지만 세 사람이 따라가려고 애썼던 길, 그리고 큰 사건 없이 거대한 규모의 회사를 이끌어온 발자취는 '리더십 개발을 위한 새로운 교과서'라고 칭하기에 손색이 없다.

세 사람 중에서도 체스키는 새로운 길을 걷는 데에 유독 어려움을 느꼈다. 그는 지난 시절을 회상하며 이렇게 말했다.

"어려운 일에 봉착할 때마다 '대체 내가 아는 게 뭐지?'라는 생각이 들었습니다. 사업 초기에는 무언가를 배우고 쌓아간다는 느낌이 아니라, 계속해서 새로운 과제를 풀어나가는 기분이었으니까요."

하지만 전통적인 방식으로 CEO가 되는 법을 배울 시간은 없었다. 공식적인 교육을 받자는 아이디어는 웃음거리만 될 뿐이었다. 시도 때도 없이 위기가 터졌고, 구성원 모두가 CEO인 체스키를 따르도록 회사의 문화를 구축하는 데에도 정신이 없었다. 회사는 체스키가 즉시 CEO로서의 역할을 수행하길 기대했다. 체스키는 "학습을 위한 시간은 없었습니다"라고 말하며 또 다른 역사적 인물의 말을 인용했다.

"포드자동차Ford Motor Company의 사장 로버트 맥나마라Robert McNamara가 말했듯이, 전장 한복판에 선 병사나 스타트업을 경영하고 있는 기업가에게 학습할 시간 따위는 없습니다."

무엇보다도 에어비앤비의 시스템은 일반적인 주문형On-demand 애플리케이션이나 소셜 네트워크보다도 훨씬 더 복잡한 기술적 구조를 필요로 했다. 에어비앤비의 사업은 상당히 단순한 아이디어를 기반으로 구축돼 있지만, 사용자 친화적인 웹사이트의 이면에는 엄청나게 복잡한 운영 체제가 감춰져 있다. 세콰이아의 경영 임원인 더그 레오네Doug Leone는 세콰이아가 투자를 진행한 여러 명의 CEO 가운데 체스키가 가장 어려운 미션을 수행했다고 말했다. 이후로도 에어비앤비는 200여 개 국가에 진출하며 세계적인 확장을 시도했다. 자연히 각 국가에 사무실과 직원을 보유함은 물론, 사업을 국제적으로 운영하는 방법까지 습득해야 했다. 더불어 에어비앤비는 매일 전 세계적으로 수십억 달러 상당의 거래를 처리하는 일종의 대금 지불 회사이기 때문에, 세 창업자들은 거기에 내제된 모든 리스크에 관심을 쏟았다. 매일 밤 수십만 명의 사람이 다른 사람의 침대 위에서 잠을 청하는 만큼, 일상적인 오해와 문화적인 차이는 물론 끔찍한 일이 발생할 가능성도 컸다. 그래서 규제에 관한 문제도 자주 발생했고, 도시 단위로 그러한 문제에 대해 각각 대응할 시간과 노력, 정책 인력도 갖춰야 했다.

■ ■ 진짜 답은 오직 최고만이 알고 있다

경영에 관한 경험은 전무했지만, 체스키는 리더로서 성장하는 데에 필수적인 두 가지 스킬을 갖추고 있었다. 하나는 디자인스쿨에 다니던 시절부터 '우두머리 노릇'을 하던 재주고, 다른 하나는 거의 병적이라고 할 만큼 넘쳐흐르는 '호기심'이었다. 그는 자신이 가진 재주를 제외하고 경영에 필요한 나머지 도구들을 얻기 위해 여러 명의 전문가 멘토를 찾아가 도움을 청했다. 단순히 조언만 구하고 마는 일반적인 초짜 CEO들과는 달리, 체스키의 질문은 강박적이고 체계적이었으며 지겹도록 계속됐다. 그는 이러한 자신의 문제 해결 방법을 일컬어 '본질에 가까이 다가가는 것'이라고 설명했다. 특정 주제에 대해 열 명의 사람에게 의견을 묻고 그것을 평균하거나 종합하는 대신, 누가 가장 최적의 해결책을 내놓을 수 있는지부터 찾은 뒤 오직 그 사람에게만 다가가 집요하게 질문을 던진다. 그는 "정확한 본질을 선택하면 빠르게 문제를 해결하고 앞으로 나아갈 수 있습니다"라고 말했다.

체스키는 이미 이러한 방식을 사업 초창기 때부터 일관되게 고수해왔다. 처음에는 와이 콤비네이터의 그레이엄과 매주 한 번씩 사무실에서 만나 조언을 들었고, 이후로는 세콰이아의 맥아두와 함께 로코스에서 아침 식사를 하며 경영에 관한 도움을 얻었다. 에어비앤비가 추가 투자를 받고난 후에는 호프만, 안드리센, 호로비츠와 같은 실리콘밸리의 우상적인 존재들에게도 접근할 수 있었다.

회사가 크게 성장할 무렵에는 각각 세부적인 분야의 '본질적인 인물'을 찾아 나서기 시작했다. 먼저 디자인을 배우기 위해 애플의 조너선을 만났고, 경영을 심도 있게 알려줄 링크드인의 CEO 제프 와이너Jeff Weiner와 디즈니의 CEO 로버트 아이거Robert Iger를 만났다. 또 제품을 배우기 위해 페이스북의 CEO 주커버그를, 국제적 확장과 여성 리더에 대한 권한 이양의 중요성을 배우기 위해 페이스북의 최고 운영 책임자이자 전 세계에서 가장 영향력 있는 여성 중 한 명인 셰릴 샌드버그Sheryl Sandberg를 찾아갔다. 특히 이베이의 CEO인 존 도나호John Donahoe는 사업의 규모를 확장하고 회사를 운영하는 방법, 이사회를 관리하는 요령 등 거대 마켓플레이스 기업의 CEO가 반드시 알아야 할 여러 가지 사항을 가르쳐줬다. 더불어 스타트업 기업가인 우버의 트래비스 칼라닉Travis Kalanick, 드롭박스Dropbox의 드류 휴스턴Drew Huston, 스퀘어의 잭 도르시Jack Dorsey, 리프트의 존 짐머John Zimmer 등이 포함된 비공식적 지원 그룹에도 조언을 구했다. 이들은 스타트업의 경영 노하우부터 투자자를 설득하는 법, 심지어는 일과 삶의 균형을 잡는 법까지 각자의 경험과 교훈을 공유해줬다. 이러한 체스키의 '본질 공략법'은 누가 최고의 전문가인지를 규명하고, 남들이 예상하지 못한 창의적인 해결책을 발굴해내는 데에 무척 유용했다.

물론 본질적인 지식과 해결책을 지닌 대상이 꼭 사람이어야 할 필요는 없다. 체스키는 수많은 역사적 인물뿐만 아니라 그가 가장 존경하는 인물인 월트 디즈니Walt Disney와 스티브 잡스의 전기를 여러 차례 읽고 매우 소중한 가르침을 얻었다. 그 밖에 수백여 권의 경영 서적과 비즈니스 잡지 또한 그의 멘토가 되어줬다. 그는 열렬한 독서가라고 칭하는 것이 부족할 만큼 엄청난 독서광으로 유명하다. 1년에 한 번 가족들과 여행을 떠날 때도 가능한 한 많은 책을 탐독하며 재충전의 시간을 보내곤 한다.

체스키가 만난 또 한 명의 핵심 어드바이저는 세계적인 투자의 귀재이자 버크셔해서웨이Berkshire Hathaway의 CEO인 워런 버핏이다. 체스키는 버크셔해서웨이의 연례 회의 동안 회사의 본사가 있는 오마하 지역에 이용 가능한 숙소의 수를 늘리는 문제에 대해 버핏과 이야기를 나눈 적이 있었다. 이 연례 회의는 4만 명가량의 방문객을 끌어들이며 매번 오마하의 호텔 방을 부족하게 만드는 투자계의 최대 행사로 손꼽힌다.

버핏을 본인의 멘토로 모시고 싶었던 체스키는 그에게 연락을 해 오마하에서 함께 점심 식사를 하면 어떻겠냐고 물었다. 버핏은 흔쾌히 동의했고, 두 사람은 무려 4시간 반 동안 점심을 먹었다(체스키는 당시를 회상하며 "그의 사무실에서 1시간 동안 이야기를 나눴는데 갑자기 그가

'점심을 먹으러 가죠'라고 말하더군요. 저는 그 자리가 점심 식사일 거라 생각했습니다"라고 이야기했다). 세계적인 거부와의 만남을 통해 체스키가 얻은 가장 큰 교훈은 '세상의 이런저런 말과 소문에 휘둘리지 말라'는 것이었다.

"그의 방에는 주식 시세 표시기도 없고 텔레비전도 없었습니다. 그는 하루 종일 독서를 합니다. 또 하루에 한 번은 미팅을 하고 종종 묵상을 즐깁니다. 그의 일과를 보며 누군가의 조언이나 비난에 휘둘리고 끌려다니기보다는 자기만의 주관과 생각을 키우는 일이 더 중요하다는 사실을 알게 됐죠."

버핏과 만났던 그날, 체스키는 집으로 돌아오는 길에 자신의 경험을 4000단어의 글로 작성해 팀원들에게 전송했다. 재미있게도 이 만남은 버핏의 과거와 묘한 대칭을 이룬다. 버핏이 체스키의 나이였을 때 그는 디즈니의 본사로 찾아가 월트 디즈니와 예정된 시간을 훌쩍 넘겨 이야기를 나눴다. 그리고 젊은 버핏 역시 그날 나눴던 모든 이야기를 기록했고, 아직까지도 그 노트를 가지고 있는 것으로 유명하다.

훗날 버핏은 체스키와 에어비앤비에 대해 좋은 인상을 받았다고 말했다. 그는 어린 시절에 자신의 집을 찾아온 방문객들을 얼마나 환대했는지 떠올리면서, 에어비앤비가 가진 매력들 중 가장 큰 부분은 바로 그러한 '인간적인 유대'라고 설명했다.

"여러 해 동안 우리 집에 손님으로 묵은 사람이 아주 많습니다. 이러한 경험으로 비춰볼 때 에어비앤비는 필시 소비자들에게 아주 흥미로운 느낌을 전해줄 수 있을 것이라 생각합니다. 에어비앤비는 모든 산업계를 통틀어 매우 의미 있는 존재가 될 것입니다. 제가 젊은 시절에 체스키와 같은 생각을 했더라면 얼마나 좋았을까요!"

수많은 멘토와의 만남을 통해 알 수 있듯이 체스키는 새로운 정보를 끊임없이 흡수하고자 하는 강박관념이 있었다. 호프만은 그를 향해 '학습하는 기계'라고 칭하기도 했다.

"브라이언이 가진 가장 큰 장점은 '학습'입니다. 이는 성공적인 기업가들이 공통적으로 갖고 있는 능력이죠. 그는 '학습하는 기계'이자 '무한한 학습자'입니다. 브라이언은 그 말의 표준이 될 만한 인물입니다."

체스키는 자신이 스스로 학습한 내용과 멘토로부터 받은 교훈을 공유하는 데에도 강박적인데, 2015년부터는 일요일 밤마다 전 직원들에게 자신이 현재 생각하고 있는 비전과 전하고 싶은 원칙에 관해 이메일을 보내는 것으로도 유명하다.

"큰 기업의 경영자라면 공적인 연설과 글쓰기에 능해야 합니다. 그것이 곧 경영의 도구가 되기 때문입니다."

이와 함께 체스키는 꾸준히 메모를 한다. 새로운 아이디어를 접하면, 그는 아무 말도 하지 않고 고개를 푹 숙인 채 에버노트에 마구 기록을 한다. 그러고는 자리로 돌아가 찬찬히 노트를 살펴보고, 그것에 대해 생각하고, 좀 더 많은 사람과 이야기를 나눈 다음 자신의 의견을 정리한다. 학습에 대한 끈질긴 집념은 체스키가 회사의 규모를 확장시킬 수 있었던 주요한 원동력이다. 세쿼이아의 파트너이자 에어비앤비의 이사회 멤버인 린은 체스키에 대해 이렇게 평가했다.

"그는 항상 새로운 아이디어와 제품에 골몰합니다. 또 고객에게 최고의 가치를 제공하기 위해 집중하죠. 그야말로 이 시대의 진정한 '학습하는 동물'입니다."

■■ 돈보다 소중한 가치를 꿈꾸는 리더

체스키와 가까운 사람들은 그가 '앞을 내다보는 능력'의 소유자라고 입을 모은다.

"브라이언의 머릿속을 카메라로 찍어보면 이미 2030년, 아니 2040년에 가 있는 모습을 볼 수 있을 것입니다."

조직 문화팀에서 일했던 리사 드보스트Lisa Dubost는 체스키에 관해 이런 말을 남겼다. 또 회사의 최고사업협력법률책임자인 벨린다 존슨Belinda Johnson 역시 "브라이언은 하나도 둘도 아닌 열 단계 앞을 내다보는 놀라운 예지력의 소유자입니다"라며 그를 칭찬했다.

"그는 지금껏 내가 만나본 리더 중에 최고로 빛나는 영감의 소유자입니다. 그의 곁에 있다 보면 미래를 예측하는 법에 대해 배울 수 있죠. 단언컨대 체스키는 이 시대를 대표하는 가장 뛰어난 CEO입니다."

이러한 칭찬들이 조금은 사탕발림처럼 느껴지지만, 그럼에도 많은 사람이 입을 모아 체스키를 칭찬하는 데에는 분명 그럴만한 이유가 있다. 무엇보다도 더 높은 목표를 향한 체스키의 광적인 믿음과 헌신은 그 자신과 회사를 움직이게 만드는 가장 큰 힘이다. 콘리는 체스키를 향해 "머리끝부터 발끝까지 홈셰어링을 믿는 사람입니다. 회사의 미션인 '어디에서나 우리 집처럼'이라는 말을 끊임없이 반복하죠. 미션은 그가 CEO로서 회사의 제품을 실제보다 좋게 포장하기 위해서 만든 말이 아닙니다. 처음부터 진심을 담아 설정한 방향입니다"라고 말하기도 했다.

그레이엄 역시 체스키가 여타의 CEO들과는 조금 다르다고 설명했다. 많은 창업자가 어느 정도 회사를 성장시키고 나면 부와 명예에 집착하기 마련인데, 체스키만은 그렇지 않다는 것이었다.

"저는 지금껏 수많은 창업자를 만났습니다. 문자 그대로 수천 명이나 되죠. 그래서 기회주의자와 진실한 자를 단박에 구별할 수 있습니다. 돈이나 명예는 절대로 체스키의 관심사가 아닙니다."

이러한 이유 때문에 그레이엄은 체스키가 CEO라는 자리에 다소 적합하지 않은 인물이라고 평가하기도 했다.

"그는 자신이 믿는 것을 사람들로 하여금 실행하도록 만드는 리더입니다. 그래서 체스키를 일반적인 회사의 CEO로 채용하기는 어려울 것입니다."

워런 버핏 역시 체스키의 남다른 면모를 감지했다.

"그는 시종일관 자신이 믿는 것을 추구하는 사람입니다. 그래서 만약 월급을 한 푼도 받지 못하는 상황이 돼도 그는 계속 그 일을 할 것이라고 생각합니다."

사실 체스키에게 있어 에어비앤비는 일이라기보다 하나의 '소명'에 가깝다. 그는 더 많은 사람이 호스트가 되면 우리가 사는 세상이 더 친절하고 배려 넘치는 곳이 될 거라고 굳게 믿는다. 나는 체스키와 인터뷰를 진행하며 실질적인 사업의 목표가 무엇인지를 물었다. 그는 이렇게 대답했다.

"2020년을 위한 목표를 말하자면 '많은 사람이 완전히 탈바꿈된 방식으로, 어디에서나 우리 집처럼 느끼며 여행하는 것', 이것이 바로 우리가 지향하는 바입니다."

그는 '어디에서나 우리 집처럼'이라는 미션을 현실화하는 일보다 우선하는 것은 아무것도 없다고 단언했다. 미션은 주주보다 먼저고, 기업가치보다도 우선한다. 이익보다도, 상품보다도, 그 모든 것보다도 우위에 있다. 그는 언젠가 자신이 사망한 이후에 에어비앤비의 가치가 정점에 이르기를 간절히 바라고 있다.

물론 이러한 굳은 신념은 체스키에게만 있는 게 아니다. 게비아와 블레차르지크 역시 체스키의 믿음을 지지하고, 회사 전체에 스며들 수 있도록 노력하고 있다. 회사는 그들 자신을 일컬어 '부엌 테이블의 UN'이라고 말한다. 다른 세계에서 온 사람들을 한데 묶고 낯선 사람들을 결속시키기 때문이다. 게비아는 에어비앤비가 어떻게 신뢰를 기반으로 플랫폼을 구축했는지 소개하는 TED 강연에서 "아마도 내가 어린 시절에 낯선 사람이라고 꼬리표를 붙였던 사람들은 발견해주기를 기다렸던 진짜 친구였을지도 모릅니다"라고 말하며 인간적인 유대의 가치를 강조했다.

나는 다시 콘리를 찾아가 회사를 위한 본인의 목표가 무엇인지를 물었다. 그는 "에어비앤비가 10년 안에 노벨평화상을 수상하고 그 장면을 지켜보는 것"이라고 대답했다. 지금은 아무도 이 말의 진실함과 고결함에 대해 의심하지 않지만, 사실 '대량생산화되면서 인류가 잃어버린 인간성을 회복하겠다'는 에어비앤비의 기본 정신은 초창기 얼마간 놀림감이 되기도 했다.

나는 대화를 나누던 도중 체스키에게 "만약 누군가가 당신에게 너무 이상적이네요"라고 말한다면 어떻게 대응할 것이냐고 물었다. 그는 "《뉴욕타임스》의 칼럼니스트인 톰 프리드먼Tom Friedman의 말이 떠오르네요"라고 대답하며 그의 말을 인용했다.

"비관론자들은 대개 옳다. 그러나 세상을 바꾸는 자는 낙관론자들이다."

물론 세상을 바꾸는 자라고 해서 약점이 없는 것은 아니다. 이는 체스키도 마찬가지다. 그레이엄은 체스키에게 매사를 덜 개인적으로 받아들일 필요가 있다고 조언한 적이 있다.

"어떤 사람이 에어비앤비에 대해 나쁘게 이야기한다면, 그리고 당신이 에어비앤비에서 높은 위치를 점하고 있다면 사람들은 응당 당신에 대해서도 나쁘게 이야기할 것입니다. 이는 매우 자연스러운 반응이죠. 그런 비난을 지나치게 개인적으로 받아들여선 안 됩니다. 그러면 상처를 받는 일도 줄어들 것입니다. 그런데 사실 그런 고통은 신념을 가지고 이끄는 자들에게는 불가피한 통과의례일지도 모릅니다."

■ ■ "오늘 제가 들어야 할 나쁜 소식이 있나요?"

언론의 스포트라이트와 관심을 한 몸에 받는 체스키와 달리, 게비아와 블레차르지크는 회사의 내부적인 영역에서 나름대로의 커다란 존재감을 발휘하고 있다. 체스키가 부대의 대장으로서 그리고 배의 선장으로서 자신의 소명을 발견했다면, 나머지 두 명은 체스키를 비롯한 어느 누구와도 다른 '자신들만의 리더십'을 구축했다. 초반에는 체스키와 마찬가지로 게비아 역시 멘토를 찾아가 도움을 요청했다. 그중에서도 디자인 회사 '아이디오IDEO'의 창업자 데이비드 켈리David Kelley는 회사를 크게 확장하면서도 창의적인 조직 문화를 유지하는 법에 대해 알려주었다.

"어떻게 하면 조직의 분위기를 창의적으로 유지할 수 있을까요? 또 어떻게 하면 직원들이 두렵고 위험한 아이디어를 흘려보내지 않고 거리낌 없이 제안하게 만들 수 있을까요? 저는 늘 스스로에게 질문을 던집니다."

사실 게비아는 거대 규모의 조직을 관리하는 리더보다 작은 팀 안에서 대담하고 독창적인 아이디어를 구상하는 타입에 가깝다. 그는 자신의 약점을 잘 알고 있었으며, 그래서 리더가 되는 일이 무척 어려웠다고 회상했다.

"움직이는 '부품'들이 너무 많았습니다. 어떤 때는 모든 것을 한눈에 지켜볼 수 있었지만 대부분은 그러지 못했죠. 팀들이 커지고 각종 수치들도 점점 불어났습니다. 저를 둘러싼 모든 것이 계속 성장하는데 정작 저는 그 속도를 따라가지 못했습니다. 마치 벽에 부딪힌 기분이었습니다."

그는 이러한 문제를 해결하기 위해 외부 컨설턴트를 고용하여 자기 자신에 대해 360도 평가를 진행하게 했다. 게비아와 가장 가깝게 일하는 10여 명의 직원들이 익명으로 진행한 이 인터뷰에서 그는 충격적인 평가를 받아 들었다. 대부분의 사람들은 게비아를 낙천적이고 긍정적인 리더로 생각했지만, 동시에 피곤하리만큼 완벽주의자에 가깝다는 평가를 내렸다. 사람들은 프로젝트가 제대로 진행되지 않을 때면 그에게 솔직하게 이야기하는 것을 두려워했다. 더불어 나쁜 소식을 들을 때마다 그는 매우 방어적으로 변한다고 말했다. 그래서 직원들은 빠르게 해결해야 할 나쁜 소식들을 게비아에게 전하길 꺼려했다.

"문제가 훨씬 악화되고 나서야 상황을 전해 들었습니다. 그러면 직원들은 점점 더 어쩔 줄을 몰라 했죠."

이러한 완벽주의자적 성향 때문에 간단한 의사 결정에도 오랜 시간이 걸렸고, 때때로 게비아 자신이 회사의 걸림돌이 되기도 했다. 또 그와 함께 일하는 직원들은 몇 주 동안 중요한 사람들과 저녁 식사를 함께하지 못했고, 헬스클럽에조차 가지 못했다고 털어놓았다. 사실 몇몇 직원들은 회사를 아예 그만둘 생각까지 하고 있었다. 게비아는 "완벽을 추구하려다가 직원들을 탈진하게 만들었던 거죠"라고 말했다.

그리하여 게비아를 위한 대대적인 교육이 시작됐다. 우선 그는 컨설턴트의 도움을 받아 '제품이 덜 완벽하더라도 회사 문밖으로 나갈 수 있다'는 여유로운 마음가짐을 배웠다. 그리고 빠른 의사 결정은 때때로 완전하게 파악한 후에 내리는 늦은 결정보다 낫다는 사실을 받아들였다. 직원들은 그를 위해 새로운 주문까지 만들어냈다.

"80퍼센트면 족하다!"

게비아는 "당시에는 그 말이 저를 너무나도 불안하게 만들었습니다"라고 고백했다. 하지만 변화하기 위해 노력했고, 회의에서나 개인적인 자리에서 직원들을 향해 이렇게 질문하기 시작했다.

"오늘 제가 들어야 할 나쁜 소식이 있나요?"

그는 이러한 자신의 행동이 회사 전체로 확산된다는 걸 깨달았다.

"경영자라면 현재 벌어지고 있는 일에 대해 직원들이 솔직하게 말할 수 있는 시간과 공간을 마련해줘야 합니다."

2014년 중반 무렵에 게비아는 자신이 배운 내용을 수백 명의 직원 앞에서 솔직하게 이야기했고, 사내 방송을 통해 전 세계 지사로 내보냈다. 더불어 자신이 받았던 피드백까지 상세하게 공개했고, 그러한 문제점을 바꾸기 위해 어떻게 노력했는지도 설명했다. 그런 다음 자신이 습득한 이론 한 가지를 소개했다. 소위 '코끼리, 죽은 물고기, 배설'이라고 불리는 그 이론은 상사와 부하 직원 간에 어려운 대화를 꺼낼 수 있도록 설계된 커뮤니케이션 도구였다. 먼저 '코끼리'는 모든 사람이 알고 있지만 쉽게 말하지 못하는 커다란 진실이다. 그다음으로 '죽은 물고기'는 보통 사과의 말로 풀어줘야 할 개인적인 불만을 의미하는 것으로, 만일 해소시켜주지 못한다면 그로 인한 위험이 점점 더 심각해진다. 마지막으로 '배설'은 사람들이 아무런 간섭이나 편견 없이 마음의 부담을 덜 수 있도록 마련된 시간을 뜻한다. 그는 피드백에서 알게 된 자신의 특징이 무엇인지를 직원들 앞에서 세세하게 밝혔다. 마지막 문장을 말한 후 그는 깊게 숨을 내쉬었다.

"아주 두려운 시간이었습니다. 바늘 하나 떨어지는 소리까지 들릴 지경이었죠."

게비아의 솔직한 고백은 회사 전체에 상당한 영향을 끼쳤다. 각 부문의 관리자들은 '코끼리'와 '죽은 물고기'에 관해 대화를 나눌 수 있도록 별도의 시간을 마련했고, 이 용어는 아직까지도 회사 내부에서 활발히 사용되고 있다. 요즘 게비아는 전 세계에 퍼져 있는 직원들로부터 '조: 당신이 알아야 할 나쁜 소식들'이라는 제목의 이메일을 받는다. 여전히 그의 모니터 위에는 '80퍼센트면 족하다!'라는 메시지가 붙여져 있다.

■ ■ 마르지 않는 아이디어 샘, 사마라의 탄생

비슷한 시기에 게비아는 본인 자신을 위해 또 다른 진로를 계획하기 시작했다. 이는 디자이너로서의 강점과 새로운 아이디어에 대한 열망을 표출하는 계기가 됐다.

"제가 가진 '초능력'은 활용되지 못하고 있었습니다. 그저 직원들을 관리하고 있었을 뿐이죠."

전년도에 창업자들은 '스노우 화이트Snow White'라고 불리는 중요한 프로젝트를 통해 회사의 미래를 위한 비전을 수립했다. 그들은 전문 애니메이터들의 도움을 받아 에어비앤비를 통한 사용자들의 '체험 과정'을 스토리보드로 구현했다. 이는 고객이 처음 사이트에 로그인하는 순간부터 여행을 마치고 집으로 돌아가는 순간까지, 게스트와 호스트에게 일어나는 일을 한 장면씩 보여줬다. 그리고 이 프로젝트를 통해 에어비앤비는 자신들이 숙박에만 관여하고 있어서 여행의 모든 장면 중 단지 '일부'에만 지나지 않는다는 커다란 사실을 깨달았다. 숙박을 제외한 나머지 부분을 채우기 위해 세 사람은 무언가를 해야 한다고 느꼈다. 몇 개월 후에 열린 사외 워크숍에서 세 창업자들은 '숙박이 아니라 여행 전체를 점유한다'는 회사의 미래 비전을 달성하는 데에 에어비앤비가 아직 충분한 진전을 이루지 못했음을 인정했다.

여행의 나머지 장면들로 이동해야 할 시기가 됐다고 판단한 에어비앤비는 구체적인 방법을 탐색하기 위해 게비아로 하여금 집중적으로 프로토타입Prototype(본격적인 상품화에 앞서 성능을 검증·개선하기 위해 핵심 기능만 넣어 제작한 기본 모델)을 마련하도록 했다. 그는 디자인팀, 제품팀, 엔지니어링팀 등에서 일하는 여섯 명의 직원을 데리고 뉴욕으로 갔다. 그러고는 와이 콤비네이터 시절에 배웠던 방식 그대로 일정표와 계획표를 짜고 3개월 동안 합숙에 돌입했다. 그곳에서 팀원들은 몇 개의 '인-앱 도구In-app tool(애플리케이션 안에서 구동되는 기능이나 장치)'를 개발한 다음, 에어비앤비의 여행객들 일부에게 임시로 구축한 애플리케이션을 스마트폰에 설치하도록 했다. 그들을 통해 자신들의 아이디어를 베타 테스트해보기 위해서였다.

3개월이 지난 후 그들은 본사로 돌아와 시연회를 열었다. 그동안 테스트했던 콘셉트들이 화면 가득 펼쳐졌다. 우버의 위치표시기와 유사한 방식으로 게스트가 언제 체크인할지 예상하도록 도와주는 '도착 추적Arrival tracker 기능', '스마트 하우스 매뉴얼Smart house manual 기능', 그리고 지역의 식당 추천, 음식 배달, 해당 도시에 관한 각종 궁금증 등 여행객들의 니즈를 충족시켜주는 가상의 도우미 '지역의 동반자Local companion 기능' 등이 차례로 발표됐다. 또 여기에는 '마술 버튼Magic button'이라는 기능도 있었는데, 사용자들이 이 버튼을 누르면 자신의 관심 사항에 꼭 맞는 체험 프로그램이 무엇인지를 볼 수 있는 서비스였다. 예를 들어 비행기 조종사 자격증을 가진 여행객이 이 버튼을 누르면 맨해튼 위를 나는 헬리콥터 탑승 프로그램을 안내받을 수 있다.

리더로 성장하는 길

여섯 명의 직원과 게비아가 함께 만든 다양한 기능 가운데 단연 그들이 가장 신나게 임했던 것은 '지역의 동반자 기능'이었다. 그들은 '센트럴파크에서 우편 마차를 타고 하프 연주자의 연주를 들으며 프로포즈하기', '저녁 식사를 하며 야경보기', '여행의 순간을 기록한 포토 앨범을 선물로 주는 식당에서 브런치 먹기' 등 독특한 콘셉트의 체험에 완전히 매료됐다.

3개월이 지나고 샌프란시스코로 돌아온 후 이 프로젝트의 운영은 게비아가 이끄는 '홈투홈Home to Home 팀'으로 이관됐고, 더 많은 아이디어를 탐색하고 테스트하는 역할을 부여받았다. 새로 발굴한 아이디어들 가운데 독특한 것은 '체험 마켓플레이스'라고 불리는 플랫폼이었는데, 특별한 스킬이나 지식을 가진 호스트가 게스트에게 수수료를 받고 도시에 관련된 체험 프로그램을 제공하는 방식이었다. 사실 몇몇 호스트들은 이미 그런 방식으로 자신의 집을 운용하고 있었다. 예를 들어 파크시티에 사는 한 호스트는 숙소 소개 페이지에 '지역 유일의 코스에서 스키를 즐길 수 있다'는 글을 올려놓았고, 보스턴에 사는 호스트는 게스트에게 '캔들 스퀘어를 관광시켜준다'는 말을 남겨놓았던 것이다. 홈투홈팀은 좀 더 많은 체험 프로그램을 모으고 확대하기 위해 샌프란시스코와 파리에서 시범 프로그램을 실시했다. 이를 통해 뤼도빅Ludovic이라는 파리의 호스트는 게스트들에게 숙소를 대여해 3000달러를 벌었지만, 마레 지구의 주변을 관광시켜주면서 1만 5000달러를 벌었다고 발표했다.

2014년 내내 실시된 이 프로젝트는 얼마 동안 성과를 보였다. 그러나 게비아는 한계에 봉착했다는 사실을 감지했다. 규모를 확장하고 아이디어를 실제로 운영하기에 어려움이 많았기 때문이었다. 그는 좀 더 선도적인 연구와 디자인을 전담하는 새로운 부서를 설치해야 한다고 생각했다. 그래서 2016년에 회사는 '사마라Samara'라는 내부 디자인 스튜디오를 론칭해 게비아가 관장하도록 했다. 이 스튜디오는 홈셰어링의 미래와 사회적 변화를 촉발시키는 데 도움이 되는 관광의 새로운 모델을 제시함은 물론, 에어비앤비가 운영하는 사업에 필요한 각종 디자인과 혁신적인 아이디어를 지원하고 기획하고 실행하는 역할을 한다.

사마라의 첫 번째 프로젝트는 '요시노 시더 하우스Yoshino Cedar House'로, 삼나무로 유명한 일본 요시노 현에 공동 숙박 시설을 지어 마을 주민이 직접 호스트가 되고 현지의 관광 코스와 특산품, 문화를 공유할 수 있게 했다. 본래 요시노 현은 제대로 된 관광 코스도 없는 소박한 동네지만, 에어비앤비와 손을 잡은 이후에는 진정한 일본의 시골 마을을 경험하고 싶은 외국인들에게 오히려 더 매력적인 여행지가 됐다. 에어비앤비의 여행객들은 그곳에 묵을 수 있고 마을은 여행객을 끌어들이기 위한 거점을 세울 수 있으니, 양측은 쇠퇴해가는 농촌 지역에 경제적인 이득을 가져다주는 방식으로 상호 작용할 수 있었다.

사마라와 함께 에어비앤비 안에는 '더 랩The Lab'이라고 불리는 작은 팀이 하나 있다. 이 팀은 실험적인 상품과 아이디어들을 최대한 신속하게 테스트하는 역할을 맡고 있다. 두 팀 모두 에어비앤비의 본사로부터 한 블록 떨어진 게비아의 집에서 론칭됐으며, 2016년 11월 중반에는 본사 뒤에 새로운 공간을 마련하여 이사를 마쳤다. 이러한 독립적인 '비밀 실험실'은 게비아의 적성에 가장 잘 맞는 곳이다. 게비아는 두 팀 덕분에 로쉬 가의 아파트에서 새로운 아이디어를 찾기 위해 체스키와 과격하게 탁구를 치고 난 뒤 땀범벅이 됐던 바로 그 시절로 돌아간 듯한 느낌이 든다고 말했다.

"저는 여전히 그 누구의 방해도 받지 않고, 오직 아이디어에만 몰두할 수 있는 공간의 창조자가 되기를 바랍니다."

■ ■ 가장 완벽한 창업가팀의 조건

여러 사람의 증언에 따르면, 블레차르지크는 프로그래밍 분야의 '독보적인 천재'다. 체스키는 일찍이 "그를 합류시키는 것이 엔지니어 세 사람을 확보하는 것과 같다"고 말한 적이 있다. 블레차르지크는 사업 초기에 크레이그리스트를 해킹하고, 특정 도시를 겨냥하여 활발한 광고 캠페인을 벌였으며, 구글 애드워즈에 접속하기 위한 특별한 기술을 개발해내며 회사가 성장하기 위해 필요한 '공짜 마케팅 시스템'을 모조리 찾아냈다. 그가 구축한 대금 지불 시스템은 엔지니어 커뮤니티에서 전설로 통하고 있다. 만약 그보다 재능이 부족한 사람이 에어베드앤블랙퍼스트의 기술책임자를 맡았다면, 아마도 에어비앤비는 순조롭게 출발할 수 없었을 것이다.

게다가 블레차르지크는 일반적인 엔지니어들에 비해 훨씬 더 사업 지향적인 마인드를 갖고 있었다. 그는 대학을 졸업한 뒤 경영 대학원에 입학하기 위해 시험을 치렀고, 에어베드앤블랙퍼스트에 합류하기 전에는 자신만의 소셜 광고 네트워크 사업을 시도하기도 했다. 체계적으로 사고하도록 훈련받은 그는 복잡한 문제를 단순화하는 데에 특히 소질을 보였다.

"저는 아주 분석적인 사람입니다. 만약 제가 가진 스킬 중 한 가지만 꼽으라면, 복잡한 문제를 가져와 하나의 아이디어로 압축시키는 일입니다."

몇 년 전에 회사는 임원들을 대상으로 MBTI(마이어스와 브릭스가 융의 심리 유형론을 토대로 고안한 자기 보고식 성격 유형 검사) 검사를 실시한 적이 있었다. 그중에서도 블레차르지크는 'ISTJ(세상의 소금형-실제 사실에 대해 정확하고 체계적으로 기억하며 현실성 있게 조직적으로 일을 처리함)'라는 유형의 사람이었다. 함께 검사를 받았던 임원들은 블레차르지크에 대한 성격 묘사에 크게 수긍했다.

시간이 흐르면서 그는 사업 전략에 대한 관심을 넓혀갔는데, 최고기술책임자인 그에게 직접 보고를 하는 데이터 과학 부서가 더 많은 통찰을 쏟아내기 시작하면서부터 전략에 관해 본격적인 개입에 나섰다. 2014년 여름, 블레차르지크는 회사가 여러 가지 전략과 목표에 충분히 집중하지 못한다는 점을 깨닫고는 '활동 지도Activity map'라는 프로그램을 만들어냈다. 그러고는 회사 전체에서 실시되고 있는 모든 프로젝트를 활동 지도에 표시하도록 했다. 그는 모두 110개의 프로젝트를 찾아냈는데, 극도로 지엽적인 동시에 서로 다른 임원들이 여러 개의 프로젝트를 관리하는 것으로 나타났다. 그는 즉시 회사가 성장하기 위해 어떻게 변해야 하는지를 심도 있게 분석했고, 에어비앤비의 제한적인 공급(호스트)과 급성장하는 수요(게스트) 간의 지독한 불균형을 발견해냈다.

그는 공급 성장률을 높이기 위한 방법을 찾아내기 위해 여러 가지 아이디어를 구상했다. 110개의 이질적인 프로젝트들 상당수는 호스트와 관련돼 있었다. 그래서 2015년 초부터는 '숙소 및 호스팅 전략과 운영'을 관장하는 훨씬 더 넓은 역할을 맡게 됐다. 그러면서 회사 전체에 분산돼 있던 이질적인 호스팅 관련 프로젝트 팀들을 한데 묶고, 좀 더 광범위하게 전략을 구상하기에 나섰다.

MBTI 검사에서는 그의 또 다른 면도 드러났다. 블레차르지크의 성향이 구성원 모두와 비교해도 같은 구석이 전혀 없다는 점이었다. MBTI 검사를 주관하던 코치들은 이러한 점이 경영자에게는 매우 중요한 강점이라고 말하면서, 반드시 그가 회사 안에서 이루어지는 주요 의사 결정의 일부가 돼야 한다고 조언했다. 물론 그는 이미 창업자로서 의사 결정에 적극적으로 참여하고 있었지만, 그가 차별적이고 색다른 관점을 제시한다는 점이 MBTI 검사를 통해 더욱 분명히 드러났다.

그렇다면 주변 직원들은 블레차르지크를 어떻게 평가할까? 내가 만난 많은 에어비앤비의 직원은 그를 '조용하지만 인내심이 강한 사람'이라고 평가했다. 페이스북의 엔지니어링을 담당하는 임원에서 에어비앤비로 자리를 옮긴 마이클 커티스Mike Curtis는 블레차르지크의 성향을 이렇게 분석했다.

"그는 다른 경영진과 달리 우리에게 현실 감각을 유지하도록 도와줍니다. 네이트는 체계적으로 사고할 줄 아는 사람이라서 여러 사람이 제시한 정보를 취합하고 그 모든 것을 한꺼번에 처리하여 사람들에게 의사 결정할 수 있도록 다시 넘겨줍니다."

MBTI 검사와 주변 사람들의 증언으로 비춰볼 때 세 사람의 성향은 정말로 확연한 차이를 보인다. 게비아는 "회사에서 아무나 붙잡고 물어보세요. 그러면 우리 셋이 엄청나게 다른 성격을 가지고 있다고 말할 겁니다"라고 자신 있게 말했다. 커티스 역시 "그들 셋을 스펙트럼 위에 그려본다면 서로 다른 위치에 있을 겁니다"라고 말했다("그들이 서로 논쟁을 벌이나요?"라고 묻자 커티스는 "당연하죠!"라고 대답했다). 몇 년 전 세 사람은 또 다른 유형의 성격 검사를 받았다. 하나의 원 안에 각자에게 해당되는 점을 표시하는 방식이었다. 검사 진행자가 각자의 결과를 원 안에 표시하자 완벽하리만큼 서로 균형을 이루는 모습이 나타났다.

"검사 진행자들은 '이런 결과를 본 적이 없습니다'라고 말하더군요. 완벽한 이등변 삼각형을 이루었으니까요"

게비아는 이러한 세 사람의 차이가 에어비앤비를 성공으로 이끈 원동력이라고 말한다.

"우리 중 두 사람만 있었으면 아무것도 해내지 못했겠죠. 그러나 브라이언과 네이트, 그리고 저의 조합이 있었기 때문에 지난 몇 년간 우리에게 다가온 모든 도전을 인내할 수 있었다고 생각합니다."

투자자들은 보통 '창업가팀'이라는 말을 자주 사용하는데, 특히 세 사람의 조합을 예로 들어 이상적인 팀의 모습을 설명하곤 한다. 콘리는 그들을 빗대어 이렇게 표현했다.

"세 사람은 비틀즈Beatles와 비슷합니다. 네 명의 비틀즈 멤버들은 각자 자기 앨범을 만들 수 있지만, 만일 그랬다고 하더라도 네 명이 함께한 것만큼은 성공하지는 못했을 것입니다."

■ ■ 구글보다 더 일하고 싶은 회사

세 명의 창업자들은 모두 와이 콤비네이터의 프로그램을 끝낸 후부터 강박적이다 싶을 만큼 조직 문화에 집중했다. 하지만 체스키는 2012년에 피터 티엘스 파운더스 펀드Peter Thiel's Founders Fund의 주도로 이루어진 세 번째 투자를 마무리 지은 때에야 비로소 조직 문화의 중요성이 진정으로 마음에 와 닿았다고 말했다.

당시에 체스키는 티엘을 사무실로 초대해 조직 문화에 관한 조언을 구했다. 티엘은 단순 명료하게 대답했다.

"어떤 일이 벌어져도 절대 조직 문화를 망치지 말아야 합니다."

그는 에어비앤비의 조직 문화가 자신이 투자를 결심한 여러 가지 이유 중 하나였다고 말했다. 그리고 많은 회사가 일정 규모에 다다르면 창업 당시에 계획했던 문화를 망쳐버리고 만다며 각별히 신경 쓸 것을 당부했다. 체스키는 이를 하나의 도전 과제로 받아들였고, 그때부터 조직 문화에 대해 광적으로 집중하기 시작했다. 그는 블로그를 통해 "문화를 망치는 것은 제품을 생산하는 기계를 망가뜨리는 것이다"라고 선언했다. 또 조직 문화가 강할수록 직원들이 '나는 세상에 이로운 일을 수행하고 있다'는 믿음을 갖게 되어, 공식적인 규칙과 프로세스 없이도 알아서 잘 움직이게 된다고 말했다. 실제로 프로세스가 줄어들고 관리 감독이 용이해지면 혁신을 위한 더 나은 조건이 형성된다.

2015년에 개최된 전 직원 회의에서 체스키는 연단 위로 올라가 "회사를 죽이는 것은 규제 기관이나 경쟁자가 아니라 '무언가에 미치는 능력'을 잃어버리는 것입니다"라고 말했다. 이러한 믿음의 일환으로 그는 매주 일요일 밤마다 전 직원들에게 이메일을 보낸다. 또 회사의 규모가 300명 이상이 될 때까지 자신이 직접 모든 입사자를 인터뷰하기도 했다.

에어비앤비의 업무 공간은 조직 문화를 형성하는 데에 중요한 축으로써 작용하고 있다. 2013년에 회사는 샌프란시스코 소마 지역에 위치한 지금의 본사로 이사를 했는데, 24개가 넘는 회의실 전부를 세계의 에어비앤비 숙소를 빼다 박은 모습으로 꾸며놓았다. 로쉬가 아파트의 거실과 캘리포니아 앱토스의 머쉬룸 돔을 복제한 회의실은 이미 많은 언론을 통해 유명해졌다. 최근에는 비엔나식 응접실을 본 따 회의실을 만들었는데, 책꽂이에 꽂혀 있는 비밀의 책을 들춰야만 연주가 시작되는 자동 피아노를 설치했다(나는 이 방에서 체스키와 미팅을 했는데, 그는 진지한 표정으로 "우리는 필수품에만 투자합니다"라고 농담을 건네기도 했다).

본사의 각 층에는 커피와 음료, 해초 스낵이 쌓여 있는 식료품 저장소와 간이 주방이 마련돼 있다. '이트리움Eatriun('먹다'는 뜻의 Eat와 '장소 및 건물'을 뜻하는 Rium의 합성어)'이라고 불리는 이 식당은 수십억 달러의 기업가치를 지닌 기업에서 제공이 가능한 모든 식사가 마련된, 마치 오아시스와도 같은 곳이다. 그곳에는 탄산수, 와인, 맥주, 콤부차(홍차버섯을 배양해 찻물에 넣고 발효시켜 만드는 음료), 히비스커스, 녹차 등을 뽑아 마실 수 있는 48개의 탭이 줄지어 있다. 또 에어비앤비식 레드불Red Bull 음료인 '레드비앤비'도 마실 수 있다.

에어비앤비의 직원들은 그들 스스로를 '에어패밀리Airfamily' 혹은 '에어팸Airfam'이라고 부른다. 그만큼 단단한 결속력을 자랑한다. 직원들은 여러 가지 특별한 행사에도 참여하는데, 그중 '에어쉐어스Air Shares'라는 프로그램을 통해 사진 찍기나 홀치기염색과 같은 기술을 서로 공유하기도 한다.

무엇보다도 세 명의 창업자들처럼, 에어비앤비의 직원들 사이에는 회사의 이상과 미션이 깊게 자리 잡고 있다. 재무팀에서부터 프로젝트 관리팀까지 모든 부서의 직원들은 누가 시키지 않아도 회사의 미션인 '어디에서나 우리 집처럼'이라는 말을 떠들고 다닌다. 최근에 커뮤니티 책임자인 애트킨은 '어디에서나 우리 집처럼 느끼는 새로운 개념의 여행'이라는 회사의 미션을 내부 조직 문화에 적용시켜서 '회사를 우리 집처럼 느끼는 새로운 개념의 여행'이라는 말을 개발해냈다. 대상은 다르지만 목표는 동일하다. '낯선 사람의 입장으로 회사에 도착하여 따뜻한 환영을 받고, 안전한 장소 안에서 편안함을 느끼고, 그곳에서 평상시 본인의 모습 그대로 있을 수 있다'는 뜻이다.

이러한 조직 문화는 곧 직원들의 긍정적인 변화를 이끌어냈다. 제품 담당 부사장인 조는 "에어비앤비는 존재하는지도 몰랐던 저의 잠재적 능력을 이끌어내주었습니다"라고 말했다. 에어비앤비 최초의 제품 관리자이자 드롭박스와 허브스팟HubSpot에서 재무 담당자로 일했던 조나단 골든Jonathan Golden은 "에어비앤비의 기업 문화는 제가 지금껏 경험한 여러 기업의 문화들 중 가장 개방적이고 가장 부단히 노력하는 분위기를 가졌습니다. '안 될 이유가 뭐 있겠어?'라는 말을 언제 어디서든 들을 수 있으니까요. 또 일해본 직장 중에서 가장 협력적인 문화를 가지고 있습니다"라고 말했다. 골든은 많은 직원이 이메일을 주고받고 미팅에 자주 참여하려는 경향이 다소 비

효율적일 때도 있지만, 그런 개방성이 있어야 더 많은 것을 열망하도록 직원들을 이끌 수 있다고 생각한다.

2016년에 세계 최대 규모의 기업정보 사이트 글래스도어Glassdoor는 직원들의 평판을 근거로 한 '최고의 직장Employee's Choice Awards'을 선정했는데 이때 에어비앤비는 구글과 페이스북, 트위터 등을 물리치고 1위에 랭크됐다.

■ ■ 조직이 커질 때 발생하는 문제들

회사가 점점 커지면 초창기 직원들과 동일한 가치를 갖지 않은 새로운 구성원이 생겨나기 마련이다. 물론 에어비앤비도 그랬다. 규모가 작을 당시 에어비앤비의 직원들은 지향점이 비슷한 지인을 끌어들여와 회사의 일원으로 만들었고, 그들이 곧 개척자 역할을 했다. 하지만 시간이 흐르고 규모가 커지면서 MBA 학위를 가진 사람들이 회사에 늘어나기 시작했다. 이미 높게 날아오른 로켓에 올라타 거대한 기회를 손쉽게 잡기 위하여 입사한 사람도 많았다. 그 무렵 에어비앤비는 직원들을 대상으로 회사의 장점과 단점을 조사한 적이 있는데, 단점란에 적힌 공통적인 불만은 '새로 입사한 관리자들의 업무 수행력이 미숙하고, 회사의 문화가 팀으로 확산되지 못한다'는 점이었다. 한 직원은 "해를 끼치는 사람들이 존재한다"라고까지 적기도 했다.

무엇보다도 체스키는 회사의 조직 문화가 흐트러지는 일에 큰 경계심을 느꼈다. 그러고는 회사를 투명하게 유지하는 것이 조직 문화를 아래까지 확산시킬 수 있는 방법임을 깨달았다. 그는 조직의 상부부터 맨 아래까지 의사소통이 활발하게 이루어지도록 하기 위해 전직 육군 장교인 스탠리 맥크리스탈Stanley McChrystal로부터 얻은 아이디어를 구현했다. 그 일환으로 회사는 임원들과 그들의 직속 부하 100여 명이 함께 참여하는 주간 회의 제도를 신설했다.

이 책을 쓰는 지금 세 명의 창업자들은 회사의 신성한 선언문, 즉 2013년에 정한 여섯 가지 핵심 가치를 개선하기 위해 노력하고 있다. 회사의 규모가 작을 땐 모두가 핵심 가치를 잘 익히고 지켰으나, 시간이 지나면서 핵심 가치들이 너무 많고 어떤 것들은 서로 충돌했으며 장난스럽고 아리송하게 느껴졌다. 설상가상으로 몇몇 직원들은 자기들에게 유리하도록 이 원칙을 악용하기도 했다. 예를 들어 어떤 직원의 제안에 대해 누군가가 동의하지 않으면 '모험을 받아들이지 않는 자'라고 비난을 했던 것이다.

몇 개월간의 작업을 거쳐 세 창업자들은 핵심 가치를 세 가지로 줄이는 데에 합의했다. 이 책을 쓰는 지금까지 정리 작업이 완벽하게 끝나지 않았지만, 대략 '호스트처럼 행동하자', '그 사람만의 색다른 여정을 만들어주자', '모든 것보다도 미션을 우선하자' 등으로 요약되고 있다.

조직이 성장하면서 회사가 대응해야 할 또 하나의 과제는 많은 실리콘밸리의 기업이 그러하듯 에어비앤비에 백인 직원이 지나치게 많다는 점이었다. 이는 모든 기술 기업이 겪고 있는 문제였지만, 특히 플랫폼 안에서 인종 차별이 일어났던 에어비앤비에게는 반드시 해결하고 넘어가야 할 중대한 사안이었다. 창업자들을 포함한 많은 직원은 회사 안에 다양성이 부족하다고 느끼고 있다. 일단 창업자 세 명이 모두 백인이니까 말이다. 그래서 그들은 플랫폼상에서 인종 문제로 불미스러운 일이 벌어질 수 있다는 점을 예상하지 못했다고 털어놓기도 했다.

2016년 여름에《포춘》이 주최한 브레인스톰 테크 컨퍼런스에서 체스키는 청중으로부터 이런 질문을 받았다.

"에어비앤비에서 일하는 흑인 직원이 전체의 2퍼센트밖에 되지 않고, 히스패닉이 3퍼센트에 불과합니다. 이는 기술 계통으로 내려가면 더 심해져 1퍼센트밖에 지나지 않는다는 사실을 알고 있나요? 혹시 이런 점 때문에 다양성에 관한 문제들이 끊임없이 제기되고 있는 건 아닌가요?"

이 질문을 던진 사람은 비영리단체 '블랙걸스코드Black Girls Code'의 창립자 킴벌리 브라이언트Kimberly Bryant였다. 강연장은 일순간에 찬물을 끼얹은 듯 조용해졌다. 그녀는 "에어비앤비가 제품을 다시 디자인하겠다는 계획에는 감사한 마음이지만, 그보다 먼저 직원들의 구성이 어떠한지부터 살펴보길 촉구합니다"라는 말로 질문을 마쳤다.

에어비앤비가 최근에 발표한 보고서에 의하면, 그들의 인적 구성은 흑인 직원이 전체의 2.9퍼센트, 히스패닉 및 라틴 계열이 6.5퍼센트이며, 남성이 57퍼센트, 여성이 43퍼센트를 차지하고 있다. 아직 갈 길이 멀어 보이지만 직원들 중 흑인과 히스패닉, 여성 직원의 비율은 현재 페이스북이나 구글보다 더 높은 상태다. 세 창업자들은 이러한 문제에 깊이 공감하고 '다양성 책임자'를 새로이 임명해 미국에서 근무하는 직원들 중 소수 인종의 비중을 10~11퍼센트까지 끌어올린다는 계획을 발표했다. 또 고위 직책자 선발을 위한 모든 지원자 후보군에는 여성과 소수 인종을 반드시 포함시켜야 한다는 방침을 실시하고 있다.

■ ■ 혁신을 멈추는 순간, 기업의 진화도 멈춘다

이 책을 쓰는 지금, 체스키와 게비아, 블레차르지크는 새로운 경영의 도전에 직면해 있다. 에어비앤비를 하나의 제품에 의존하는 기업에서 여러 가지 제품을 제공하는 기업으로 변모시키기 위해서다. 에어비앤비라는 역사의 다음 장을 펼쳐 보이기 위해, 세 창업자들은 숙박뿐만 아니라 여행의 나머지 시장으로 진입을 꾀하고 있다. 2년째 진행 중인 이 프로젝트는 에어비앤비에게 있어 매우 큰 전환점이라 할 수 있다. 체스키는 호프만이 진행하는 '대대적인 규모 확장'에 관한 스탠포드 대학교 수업에 참여해 이렇게 말했다.

"저는 제품을 개시하는 방법을 알고 있습니다. 이미 하나를 선보였으니까요."

하지만 일을 진행하면서 처음 제품 하나를 출시하는 것보다도 추가로 새로운 제품을 출시하는 일이 훨씬 더 복잡하다는 점을 알게 됐다고 말했다. 더 많은 투자와 자원이 필요함은 물론이고, 직원들이 왜 그 제품과 관련한 일을 해야 하는지 인식시켜야 하는 문제도 있기 때문이었다.

"단일 제품 기업에서 이원 제품 기업으로 전환하는 일은 매우 큰 도전입니다."

언제나 그러했듯 체스키는 도움을 얻기 위해 제프리 무어Jeffrey Moore를 끌어들였다. 무어는 단일 제품만을 취급하던 기업을 여러 제품을 보유한 기업으로 성장시키는 데에 전문성을 지닌 경영 컨설턴트로 유명하다.

기업의 확장은 앞으로 100년 후의 에어비앤비를 위해서라도 매우 중요한 작업이다. 체스키는 규모가 확대된 대부분의 기술 기업들은 모두 하나보다 더 많은 제품을 가졌다고 지적했다. 애플은 처음에 컴퓨터로 시작했다가 전화기와 시계로 확대됐다. 아마존 역시 책을 팔다가 그다음에는 우리가 다룰 수 있는 모든 제품을 파는 기업으로 변모했다.

"저는 기업이 오래 지속되려면 반드시 규모와 함께 다루는 제품의 범위를 확대해야 한다고 생각합니다. 당신이 현재 기술 기업에 몸담고 있다면, 기존의 혁신만으로 수년간 먹고살 수 있다고 생각해서는 안 됩니다."

에어비앤비가 이제 막 판매를 시작한 새로운 제품은 '여행' 그 자체다.

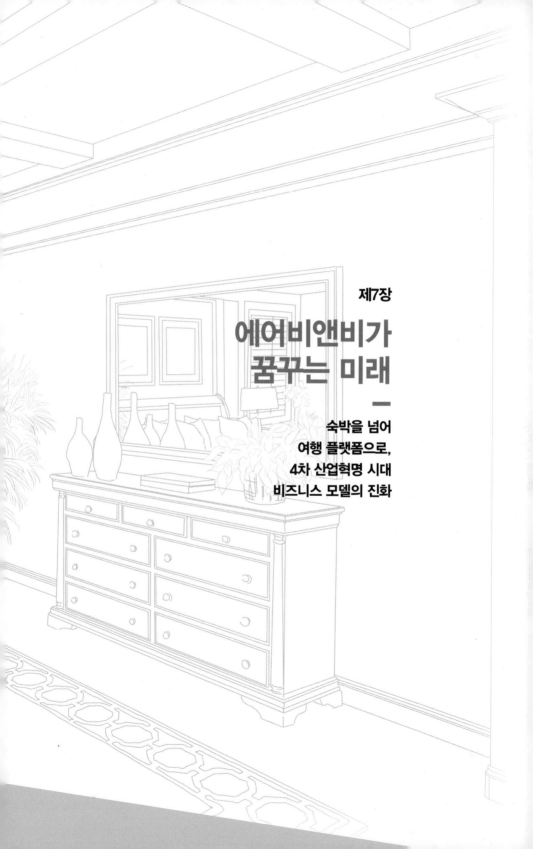

제7장

에어비앤비가 꿈꾸는 미래

—

**숙박을 넘어
여행 플랫폼으로,
4차 산업혁명 시대
비즈니스 모델의 진화**

"
우리 플랫폼을 이용하는 사람들은 어떤 것을 기대할까?
그 해답이 우리 회사가 추구해야 할 가치다.
"

– 에어비앤비 본사 내 벽면 문구 중에서

2016년 11월, 로스앤젤레스에서는 사상 최대 규모의 '에어비앤비 오픈' 행사가 열렸다. 에어비앤비가 매년 호스트들을 위해 개최하는 이 3일 간의 축제는 호스트들과 직원들이 한데 모여 회사의 미션을 공유하고 교감하는 친목의 장이다. 에어비앤비의 호스트라면 누구나 초대장을 받을 수 있는데, 2016년에는 5000여 명의 열성적인 호스트가 자비를 들여 참석했다(항공료와 숙박료뿐만 아니라 300달러에 이르는 티켓을 구입해야만 참석할 수 있다). 더불어 이 자리에는 할리우드 스타 기네스 펠트로와 애쉬튼 커쳐Ashton Kutcher, 『먹고 기도하고 사랑하라』의 저자 엘리자베스 길버트Elizabeth Gilbert와 요리사이자 사업가인 데니 마이어Danny Meyer 등이 연사로 참여했다. 로스앤젤레스 시내 곳곳에서 다양한 간담회와 미팅이 이뤄졌고, '금년 최고의 호스트'에게 상을 수여하는 '벨로 어워즈Bélo Awards'가 개최됐다.

무엇보다도 이번 에어비앤비 오픈 행사는 2014년 말부터 준비돼

온 이른바 코드명 '매지컬 트립스Magical Trips'를 소개하는 자리로 꾸며졌다. 행사를 열기 몇 달 전, 체스키는 '현지인처럼 살아보기Live like a local'라는 캠페인을 론칭하는 자리에서 "회사의 새로운 애플리케이션을 사용하면 기존의 관광 산업이 가진 '삭막함'과 '허무함'으로부터 탈출할 수 있다"고 선언했다. "에어비앤비가 숙박 이상의 범위로 확장된다면 어떤 세상이 펼쳐질까요? 앞으로 우리가 던질 질문은 바로 이것입니다. 그럼 11월에 뵙겠습니다"라는 말로 새로운 프로젝트의 탄생을 예고했던 것이다. 자연스럽게 많은 언론과 사용자들은 로스앤젤레스에서 열릴 에어비앤비 오픈 행사에서 그것의 정체가 밝혀질 것이라고 기대했다. 그런데 오픈 행사 전야제에서 체스키는 수많은 군중을 뚫고 나에게 다가와 그것이 아직 완성되지 못했다고 말했다.

이 책을 쓰는 지금, '익스피어리언시스Experiences(체험)'라고 불리는 그들의 새로운 프로젝트는 사업을 확장하는 데에 가장 중요한 요소로 자리 잡았다. 에어비앤비는 기존의 관광 프로그램이 제공하는 진부한 활동에서 벗어나 여행객들이 지역에서 제공하는 참신한 활동을 체험할 수 있도록 준비하고 조사했으며, 그런 체험을 제공하는 자들의 전문성과 특징이 잘 발휘되도록 프로그램을 설계했다. 베타테스트에 포함된 제품 중에는 전문가가 동행하여 파리의 숨겨진 향수 가게를 투어해볼 수 있는 '빅토리아, 더 퍼퓨머Viktoria, the Perfumer'라는 프로그램이 있다. 또 케냐의 육상선수들이 합숙하는 고지대의 훈련센터에서 4일간 함께 생활해보는 '윌리, 엘리트 러너Willy, Elite Runner'라는 프로그램도 있다. 마이애미에서는 전문 파이어 스피너(불이 붙은 막대기나 줄을 자유자재로 다루는 사람)에게 '파이어 밴딩(불붙은 막대기를 돌려 모양을 그리는 것)'을 배워볼 수 있고, 이탈리아에서는 3대째 송로버섯을 채취해온 장인과 함께 수확을 해보는 체험도 할 수 있다. 하나의 프로그램에 여러 사람이 함께 참여하기 때문에 게스트는 뜻이 맞는 사람을 만날 수 있고, 무엇보다도 집으로 돌아가 친구들에게 자랑할 만한 독특한 체험을 즐길 수 있다. 호스트 역시 수수료의 80퍼센트를 취함으로써 지속적으로 돈을 벌 수 있다는 장점이 있다.

사실 이러한 아이디어 자체는 전혀 새롭지 않다. 과거 몇 년 동안 여러 개의 스타트업이 P2P로 경험을 주고받는 비즈니스 모델을 선보였기 때문이다. 하지만 그 누구도 성공을 거두지 못하고 주저앉았다. 체스키는 그들이 성공하지 못한 이유로 체험의 질이 좋지 못했고, 체험 자체도 지나치게 관광 위주라 차별점이 없었다고 지적했다. 반면 에어비앤비는 틈새시장, 전문성, 지역이라는 가치를 모두 결합하여 '독특하고 지역 밀착적인 체험'을 제공한다.

"마치 내부자처럼 누군가의 세계로 깊숙이 들어가는 겁니다. 우리는 이것이 현재 어디에도 없는, 완전히 독특하고 독보적인 관광이라고 자신합니다."

또한 에어비앤비는 영향력 있는 사람들이 추천한 프로그램을 소개하는 가이드북을 선보였고, '스마트 여정Smart itinerary'이라는 디지털 달력을 통해 에어비앤비 자체에서 추천하는 프로그램 리스트를 홈페이지에서 볼 수 있도록 했다. 다만 예약 과정에는 약간의 강제성을 더했는데, 프로그램 정보는 인터넷이 연결된 모든 장비로 볼 수 있지만 예약만은 오직 모바일에서만 가능하게 했다. 또 사진보다는 동영상으로 프로그램을 소개하도록 만들었다. 미래의 여행 상품은 동영상처럼 실감나는 체험으로 이루어져야 한다는 의지 때문이었다.

체스키는 홈셰어링이 기존의 숙박 서비스를 창조적으로 파괴했듯이, 그들의 새로운 제품이 기존의 관광 산업을 완전히 뒤집어놓기를 희망하고 있다. 그는 자신이 구상한 프로젝트가 독창적인 발견이라고 생각되면 '~다음의 것The thing after'이라는 문구를 사용한다. 새로운 가이드북을 '여러 가이드북 다음의 것The thing after guidebooks', 공유경제를 '대량생산 다음의 것The thing after mass production'이라고 부르는 식이다. 이제 그는 에어비앤비를 '여행 다음의 것The thing after travel'이라고 굳게 믿는다.

"저는 새로운 제품을 론칭함으로써 우리가 여행에 대해 알고 있던 모든 개념이 달라지기를 바랍니다. 계속해서 '여행'이라는 단어를 사용하겠지만, 이제부터의 여행은 아주 다르게 느껴질 것입니다. 사실 지금까지의 여행은 여행지를 잘 모르는 외부인들에게 관광명소를 소개해주는 일에만 초점이 맞춰져 있었습니다. 하지만 앞으로의 여행은 실제 그곳에 사는 사람처럼 '내부인이 되어' 커뮤니티에 푹 빠져보는 체험이 될 것입니다."

체스키는 이 프로젝트가 곧 '트립스Trips'라는 이름으로 알려지게 될 거라고 말했다. 그러면서 앞으로는 플랫폼상에서 제공하는 모든 제품과 서비스가 간단하게 '에어비앤비'라는 말로 통용되기를 바란다고 말했다. 그는 가까운 미래에 '숙박' 영역은 회사 매출의 절반 이하가 될 것이라고 내다봤다.

만약 에어비앤비가 그들이 구상한 대로 폭넓은 체험을 제공할 수 있다면 여행에서 이뤄지는 모든 과정을 통해 추가적인 매출을 낼 수 있고, 고객과의 관계를 더욱 돈독히 할 수 있을 것이다. 그들의 새로운 사업 방향은 플랫폼을 지금보다 훨씬 더 확대시킬 수 있는 잠재력을 충분히 가지고 있다.

에어비앤비는 자신들이 독창적인 여행 방식을 제시했다고 말하지만, 사실 외부에서 볼 땐 경쟁이 치열한 시장으로 '진입'하겠다는 뜻으로 해석되고 있다. 옐프, 트립어드바이저, 론리플래닛Lonely Planet, 포스퀘어Foursquare 등 전통적인 업체들이 이미 자리한 영역으로 끼어들겠다는 의미이기 때문이다. 물론 세 창업자들에게 있어 다른 선택지는 없었다. 그들은 한때 강력했던 거대 기술 기업들이 핵심 제품에만 너무 집착한 나머지 시간이 흐르면서 크게 쇠퇴했던 사실을 잘 알고 있다(블랙베리BlackBerry, 블록버스터Blockbuster, 티보TiVo 등 기술 기업들의 역사 곳곳에는 이러한 사례로 가득하다). 체스키는 구글, 애플, 아마존과 같이 시장을 지배하는 거대 기술 기업들을 연구한 끝에 두 가지 결론에 도달했다. 먼저 기술 기업의 생존은 '기꺼이 새로운 카테고리로 들어가려는 자발성에 달려 있다'는 점과, 'CEO가 기존 사업보다 새로운 모험을 우선시하고 그 프로젝트를 직접 챙기려는 의지가 강해야 한다'는 점이었다. 그래서 체스키는 2년 동안 자신의 업무 시간 중 절반 가까이를 새로운 프로젝트에만 열중했다.

더불어 그는 에어비앤비의 도약을 성공시킬 방법을 찾기 위해 자신들과 비슷한 길을 걸어온 기업들로부터 많은 영감을 얻었다. 그중에서도 특히 '디즈니'가 그의 마음을 사로잡았다. 체스키는 1950년대 디즈니가 디즈니랜드를 만들기 위해 별도로 설립했던 '월트 엘리어스 디즈니 엔터프라이즈Walt Elias Disney Enterprises'를 본 따 트립스의 운영 프로세스를 수립했다.

"아무도 디즈니랜드가 들어설 거라고 예상하지 못했습니다. 하지만 디즈니랜드는 1980년대에 회사를 구한 일등공신이었죠. 디즈니랜드 없는 디즈니는 존재할 수 없습니다."

그는 디즈니의 CEO인 로버트 아이거뿐만 아니라 디즈니랜드를 총괄 관리했던 재이 라즐로Jay Rasulo, 리조트 부문의 회장이었던 폴 프레슬러Paul Pressler를 모두 만났다. 거기에 아마존을 온라인 도서 판매 사이트에서 거대 소매업체로 변신시킨 아마존의 CEO 제프 베조스Jeffrey Bezos 등과도 만남을 가졌다.

체스키는 테슬라Tesla의 CEO인 엘론 머스크Elon Musk로부터도 핵심적인 몇 가지 조언을 들었다. 머스크는 회사가 일정 규모로 성장했을 때 필연적으로 찾아올 '관리의 시대'를 주의하라고 충고했다. '관리의 시대'란 '창조의 시대'와 '구축의 시대'가 끝난 후 사업 성장률이 10~20퍼센트로 안정 궤도에 돌입했을 때를 일컫는 말로, 평소에 머스크가 즐겨 쓰는 표현이다. 그의 조언에 따라 체스키는 "에어비앤비는 절대 관리의 시대로 들어가지 않을 것입니다"라고 선언했다.

"우리는 항상 창조의 시대와 구축의 시대에 있을 것입니다. 11월에 새로운 프로그램을 론칭한 후에도 결코 멈추지 않고 훨씬 더 많은 것을 창조하고 구축할 생각입니다."

■ ■ 에어비앤비를 향한 화살, 기업공개

앞으로 에어비앤비는 지금껏 그들이 맞이했던 종류와는 다른, 새로운 운명에 놓일 것이다. 바로 '기업공개'다. 이 책을 쓰는 지금, 체스키는 에어비앤비가 곧 기업공개를 진행할 거라는 소문을 강력하게 부인하고 있다. 2016년 봄, 《블룸버그 웨스트Bloomberg West》와의 인터뷰에서도 에어비앤비는 향후 2년간 기업공개를 할 계획이 없다는 의사를 분명히 전했다.

체스키는 그러한 근거로써 회사가 충분한 자금을 가지고 있다고 말한다. 2016년 9월에만 5억 5000만 달러를 확보했고, 최근에는 2억 달러 규모의 투자를 유치해 초창기 직원들이 보유주식을 환금할 수 있도록 길을 열어주었다. 하지만 시기의 문제일 뿐, 궁극적으로 에어비앤비는 기업공개를 피할 수 없을 것이다. 2015년에 그들

은 사모투자펀드 '블랙스톤 그룹Blackstone Group'의 CFO였던 로렌스
토시Laurence Tosi를 영입했다.

언론에서는 에어비앤비의 기업공개를 주목하고 있는 데에 반해,
정작 체스키 자신은 그러한 압박에서 자유롭다고 말한다. 회사가 아
직까지는 창업자들의 통제 하에 있고, 창업자들의 비전을 인정하는
투자자들을 세심하게 선택했기 때문이다.

"결국 가장 중요한 일은 우리의 비전에 귀를 기울일 수 있는 사람
을 선택하는 것입니다. 그래야 그들로부터 용기를 얻을 수 있습니
다. 우리가 원하는 회사를 세우는 일은 우리에게 달렸습니다. 우리
는 아주 투명하며, 오래도록 끄떡없는 회사를 세울 것입니다."

그는 가장 큰 투자가 이뤄졌던 2015년 투자자들과의 미팅 자리
에서 이렇게 말했다. 90분에 걸쳐 회사의 비전과 문화, 그리고 장기
적인 목표에 도달하기 위해 어떻게 노력하고 있는지를 설명했다. 하
지만 당시에 많은 투자자는 그의 포부를 귀담아듣지 않았다.

"우리는 그들이 원하는 회사가 아니었죠. 그들이 알고 싶은 건 우
리가 꿈꾸는 10년 후 비전이 아닌, 몇 년 안에 기업공개를 할 것인
가 그것뿐이었습니다. 하지만 저는 그들이 원하는 바를 알려줄 수
없었습니다."

그는 웹사이트를 최적화하는 대신 모바일 애플리케이션을 재설
계하는 데에만 2016년을 모조리 투자했다. 또 2년 동안 상당한 투
자를 진행하여 트립스 프로그램을 만들어내는 등 성장의 속도를 조

금씩 늦추고 새로운 도전에 매진하고 있다.

　벤처 캐피탈리스트들과 주식시장은 성격이 완전히 다른 '동물'이다. 주식시장은 높은 성장률에만 관심이 있을 뿐, 그들의 10년 후 비전에 대해서는 궁금해하지 않는다. 또 벤처 캐피탈리스트들이 그다지 관심을 두지 않는 규제 리스크나 경쟁자들과의 관계에 더욱 민감하게 반응한다. 지금은 에어비앤비가 시장을 장악하고 있지만, 홈어웨이는 1200만 개 이상의 숙소를 보유하고 있고 자금이 두둑한 익스피디아가 뒤를 봐주고 있다. 2015년에 홈어웨이는 현지인들의 추천을 기반으로 한 도시 가이드북 모음집인 '시티스 이니셔티브Cities Initiative'를 새롭게 선보이며 에어비앤비의 핵심 시장인 도시 지역을 파고 들겠다고 선언했다. 몇몇 전문가들은 "에어비앤비가 '대안 숙박 시장'을 열었다고는 하지만, 그 시장의 수익 대부분을 차지했다고 말하긴 어렵습니다"라고 평가했다.

　그러나 에어비앤비가 날아오를 활주로가 더 튼튼하다는 게 일반적인 인식이다. 높은 성장률에도 불구하고 아직까지 에어비앤비가 대중에게 널리 알려져 있지 않다는 이유에서다. 코웬Cowen이나 골드만삭스와 같은 조사 기관들의 설문조사에 따르면, 에어비앤비를 들어봤다는 사람이 응답자의 절반에도 미치지 못했다. 코웬은 에어비앤비를 이용한 자가 응답자의 10퍼센트 미만이었다고 밝히면서, 브랜드 인지도만 높이면 지금보다 2~3배 더 성장할 수 있을 거라 내다봤다. 또 같은 설문조사에서 에어비앤비의 존재를 알지만 아직 이용하지 않은 사람들 중 80퍼센트 이상이 앞으로 에어비앤비를 이용할 계획이 있다고 말했고, 66퍼센트는 바로 다음 해에 이용할 것이라고 응답했다. 코웬의 조사자들은 "우리는 에어비앤비가 현재보다 몇 배 더 성장하여 숙박 업계에서 가장 큰 업체가 될 거라고 예상한다"는 말을 남겼다.

떠오르는 여행 강국인 '중국' 역시 에어비앤비의 성장에 일조할 것으로 보인다. 잘 알려져 있다시피 중국은 국내여행뿐만 아니라 해외여행에 있어서도 엄청난 기회의 시장인데, 2015년에 에어비앤비를 이용한 중국 여행자는 700퍼센트 이상 늘었다.

그래서 아직 에어비앤비에게 '포화'라는 말은 먼 이야기처럼 들린다. 이 글을 쓰는 지금, 회사는 일주일마다 140만 명의 게스트와 4만 5000개의 숙소를 추가로 확보하고 있다. 2016년 말에 1억 4000만 개를 기록한 게스트 어라이벌 수치는 2017년 2월에 1억 6000만 개가 될 것으로 예상되고, 이 수치도 곧 경신할 것으로 전망된다. 에어비앤비가 재무제표를 공개하지 않아 확실하진 않지만, 투자자들은 회사의 2016년 매출이 16억 달러에 달하고, EBITDA(법인세, 이자, 감가상각비 차감 전 영업이익)는 1억 5600만 달러로 추정하고 있다. 그리고 2017년에는 매출이 28억 달러, EBITDA는 4억 5000만 달러로 상승하고, 2020년에 이르면 매출이 85억 달러, EBITDA가 35억 달러에 달할 것으로 예상된다.

이러한 전망이 나오는 이유는 에어비앤비가 효율적인 비즈니스 모델을 갖고 있을 뿐만 아니라, 진입장벽이 높은 카테고리를 주도한 다는 점, 창업자 및 경영진이 강력한 리더십을 발휘한다는 점, 그리고 여행 산업의 규모가 7조 2000억 달러에 달할 거라는 점 때문이다. 55 캐피탈 파트너스55 Capital Partners의 시장 전략가 맥스 울프Max Wolff는 이런 말을 남겼다.

"에어비앤비는 지구상에서 가장 성공적인 기업이 될 것입니다."

그는 에어비앤비가 여타의 기술 기업들에 비해 더 스마트하고 성숙된 모델이라고 말하면서, 숙박 서비스 업계에서 틀림없이 변혁적인 '킬러'가 될 거라고 이야기했다.

■ ■ 덩치가 커져도 '핵심 가치'를 지킬 수 있을까?

누가 봐도 에어비앤비는 급속도로 성장했다. 하지만 어떤 기업이든 에어비앤비와 같은 규모에 도달하면 필연적으로 대중의 반발에 직면하기 마련이다. 에어비앤비의 초기 사용자들이 회사가 너무 거대해지는 바람에 초창기에 지녔던 특별함과 본질을 잃어버렸다고 불만을 터트렸던 것처럼 말이다. 그들은 에어비앤비를 이용함으로써 새로운 패러다임과 반체제적인 운동의 선봉장에 서 있다고 자부했는데, 이제는 회사의 플랫폼이 지나치게 커졌고 주류로 부상했다는 사실에 불만을 제기하고 있다.

시애틀에 사는 로셸 쇼트Rochelle Short라는 호스트는 2013년에 처음 에어비앤비 사이트를 이용하기 시작해 슈퍼 호스트가 됐고, 인기 블로그인 '레팅 피플 인Letting People In'을 운영했다. 하지만 그녀는 2015년에 '더 버지The Verge'라는 웹사이트에 기사 하나를 올린 뒤 호스팅을 완전히 그만뒀다. 에어비앤비를 이용하는 사람들이 너무 평범해졌다는 이유 때문이었다.

"저는 지금 에어비앤비 게스트들의 인적 구성이 달라지고 있다고 생각합니다. 2013년의 에어비앤비는 새로운 영토를 개척하고, 화장실 거울에 얼룩이 있어도 느긋하고 관대한 사람들을 불러들이는 진정한 '사회적 실험'의 장이었죠. 하지만 이제는 호텔급 수준의 서비스를 원하는 평범한 사람들로 가득합니다. 초기에도 그랬지만 저는 그런 여행객들을 별로 좋아하지 않습니다."

바르셀로나의 호스트이면서 '아워비앤비Ourbnb'라는 호스트용 웹사이트를 만든 필 모리스Phil Morris 역시 '겟 페이드 포 유어 패드Get Paid for Your Pad'라는 팟캐스트에 출연해 비슷한 감정을 표했다.

"우리는 예전의 에어비앤비가 훨씬 더 재미있고 매력적이었다고 생각합니다."

체스키 역시 이러한 상황을 잘 알고 있었다. 그래서 그는 새로운 시도를 멈추지 않으며 많은 사용자에게 '사회적 실험에 참여한다는 느낌'을 줄 수 있도록 노력하고 있다. 특히 '트립스'라는 프로젝트가 회사의 뿌리에 더 가까이 다가가게 만들 거라고 말했다. 블레차르지크 역시 트립스가 혁신의 기회라 굳게 믿고 있다.

"호스트가 제공하는 개별적인 숙박 서비스를 좋아하는 초기 멤버들에게 어떻게 해야 올바른 체험 프로그램을 제공할 수 있을까요? 동시에 고급스러운 체험을 원하는 사람들은 어떻게 만족시킬 수 있을까요? 이번 프로젝트는 우리에게 있어 도전이자 기회입니다."

트립스로 사업을 확장하는 전략은 에어비앤비의 '독특함'을 지키겠다는 하나의 조치이기도 하다. 다만 회사는 지나치게 거대 기업처럼 보이거나 너무 평범해 보이지 않도록 아슬아슬한 줄타기를 계속해야 한다.

더불어 회사가 성장할수록 에어비앤비를 반대하는 진영의 목소리 역시 점점 더 강해졌다. 이 책의 집필이 막바지에 이르렀을 때 나는 반대 운동에 참여하는 여러 집단과 이야기를 나누었는데, 그들은 에어비앤비가 계속해서 대여 전문 숙소와 불법 호텔을 사이트상에 드러나지 않도록 감추고 있다고 말했다. 그러면서 겉으로 드러난 그들의 데이터에는 오해의 소지가 있고, 그런 불법 영업이 계속돼서는 안 되며, 금지시킬 수 있는 모든 방법을 동원하고 있다고 말했다. 이러한 반대의 물결이 거세지는 가운데, 체스키는 시간이 지나면 자신의 말이 옳았음을 인정받는 날이 올 거라고 믿고 있다.

"진실은 밝혀질 거라고 생각합니다. 역사는 현재보다 더 현명하고 진실된 방향으로 흐르기 마련입니다. 지금은 안개로 자욱해 앞이 잘 보이지 않을 뿐이죠."

그리고 체스키는 이러한 경험들을 통해 커다란 교훈 하나를 얻었다. 그들이 어떤 시도를 하든 '적'은 언제나 존재한다는 사실이다. 그리하여 그는 다음에 선보일 프로젝트를 더욱 촘촘하게 계획했다.

사실 세 창업자들이 에어비앤비를 만들었을 땐 이런 문제가 그렇게 커질지 혹은 양극단으로 치달을 만큼 그렇게 혐오스러운 존재가 될지 전혀 예상하지 못했다. 하지만 이러한 일들을 계기로 체스키는 그렇게도 될 수 있다는 가정 하에 '트립스'라는 새로운 사업을 디자인했고, 이 사업이 지역 사회와 업체들에게 미칠 모든 영향을 있는 그대로 감안했다고 말했다.

"홈셰어링으로 8년간 온갖 항의와 비판을 받았습니다. 그렇기 때문에 이번 사업 역시 아무런 비판 없이 추진되지는 못할 것입니다."

그는 규제 기관의 고위 인사와 접촉하면서 발생 가능한 반발을 최소화하는 방향으로 사업을 설계했다. 지역의 비영리단체와 협력하여 마련한 '사회적으로 좋은 체험 프로그램'들은 에어비앤비가 제공하는 모든 경험의 10퍼센트에 이른다. 그리고 세 창업자들은 나이로비, 디트로이트, 아바나, 케이프타운 등 가장 수익성이 좋으면서도 그들의 비즈니스를 환영할 만한 지역을 신중하게 골랐다.

에어비앤비의 핵심 제품을 둘러싼 규제들은 이 홈셰어링 거대 기업이 미래를 계획하지 못하도록 억제하지는 못했다. 몇몇 시장에서 집주인들은 이미 에어비앤비를 통한 매출을 감안하여 집세를 책정하기 시작했다. 건축업자들은 공간을 공유할 수 있는 레이아웃을 적용하여 아파트 단지를 설계하고, 주차장의 면적을 줄이고 있다. 미국의 주택 건축 업체 중 가장 큰 기업인 'KB 홈KB Home'은 '에어비앤비를 연상시키는 침실'이라는 새로운 프로토타입을 설계했다. 침대와 책상을 접을 수 있고, 벽을 움직일 수 있어서 거실의 반을 대여용 침실로 전환할 수 있는 개념이었다. 주택 디자인 잡지들은 게스트를 들이기에 용이하도록 설계된 물건들을 점점 더 지면에 많이 싣기 시작했다.

에어비앤비의 본사 직원들 역시 회사의 거대한 계획을 실현시키기 위해 열심히 일하고 있다. 엔지니어링팀과 제품팀은 과거의 예약 패턴에 근거한 호스트와 게스트의 행동 양식뿐만 아니라, 그들 각자의 개인적인 선호 사항을 좀 더 정확히 예측할 수 있도록 머신러닝과 인공지능을 활용해 '매칭 기술'을 향상시키는 데 전력을 다하고 있다. 또 게비아가 리드하는 혁신팀은 스마트폰은 있지만 전원을 연결할 수 없는 난민 그룹을 위해 '비 네트워크 의사소통 방식'을 개발하는 프로젝트를 진행하고 있다.

■ ■ 그들이 꿈꾸면 미래가 된다

에어비앤비와 같은 기업은 세상에 없었다. 이 회사는 9년 만에 '0'에서 '300억 달러'의 가치를 지닌 기업으로 성장했다. 에어비앤비는 이미 세상에 존재하던 사업 아이디어를 채택해 널리 대중화시켰는데, 이베이가 처음으로 벼룩시장을 온라인화한 이래로 찾아볼 수 없었던 현상이었다. 경영과 관련한 경험이 전혀 없는 체스키와 게비아, 블레차르지크는 업계 최고의 스타로 떠올랐다. 그리고 사업을 성장시키는 과정은 겉으로 보이는 것보다 훨씬 더 복잡했다(이것이 세콰이아의 레오네가 여러 CEO 중 체스키가 가장 어려운 미션을 수행했다고 말한 이유다). 그들은 자신들을 상대로 한 '기업과 규제 기관과의 충돌', '구 산업과 신 산업 간의 충돌'을 미리 대비하기도 어려웠다. 어쨌든 그들은 대부분의 사람들이 생각하기에 정말로 이상한 콘셉트를 중심으로 사업을 이루어냈다.

에어비앤비가 일으킨 물결은 회사 담장 밖을 넘어 이곳저곳으로 퍼져나갔다. 스탠포드 대학교를 나온 두 명의 박사(래리 페이지Larry Page와 세르게이 브린Sergey brin), 그리고 하버드 대학교를 나온 소셜 네트워킹 기업가(마크 저커버그)가 각각 구글과 페이스북을 성공시킨 뒤 '최고의 CEO의 모델'로 인정받은 것처럼, 에어비앤비의 창업자들로 인해 디자인을 전공한 CEO들은 차세대 '대박'을 찾는 투자 회사들에게 매력적인 존재가 됐다. 그래서 수많은 투자자들은 스타트업을 평가하는 방식도 수정해야 했다.

아무리 생각해도 에어비앤비는 절대로 생겨날 수 없는 회사였다. 대박을 꿈꾸던 세 명의 가난한 청년들이 우연히 사업 아이디어 하나를 찾아낸 끝에 에어비앤비가 탄생했기 때문이다. 사업 경험이 전혀 없었던 그들은 철저하게 독학으로 사업을 배워나갔고, 전통적인 비즈니스의 기준으로 볼 때 직관에 어긋나는 일들을 행동으로 옮겼다. 초창기에 최대한 성장에 힘을 쏟아야 한다는 기존의 가르침과 달리,

그들은 약 4800킬로미터 떨어진 뉴욕으로 날아가 몇 안 되는 사용자들에게 모든 자원을 쏟아부었다. 또 적지 않은 시간과 돈을 투자해 개별적이고 전문적인 사진 촬영 서비스를 제공했다. 세 창업자들은 이상하고 낯설게 보이며 온갖 리스크로 가득한 아이디어를 사회적으로 용인되고 입소문을 타며 널리 퍼지는 비즈니스로 만들었다. 이것이야말로 다시는 등장하기 어려울 만큼 거대한, 가난뱅이들의 출세 스토리 아닐까?

실제로 그들은 이 모든 것을 해냈다. 세 사람은 각자의 역량을 조합하여 엄청난 장애물들을 극복했고, 글로벌 대금 지불 플랫폼을 구축했으며, 검색 및 매칭 방법론을 개발했고, 안전한 숙박 대여 시스템을 구상해냈다. 이 모든 혁신은 온라인 마켓플레이스 시장의 표준으로 자리 잡았다. 그들의 별난 아이디어는 매끄럽고 빠르며 사용자 친화적인 사이트를 통해 구현됐고, 무언가에 '굶주린' 고객들을 강하게 끌어당겼다.

무엇보다도 세 창업자는 '끈질긴 바퀴벌레 정신을 가진 놈이 살아남는다'는 업계의 교훈을 몸소 보여주었다. 세 번의 론칭에도 불구하고 아이디어를 포기하지 않았으며, 세이벨과 그레이엄 등 스타트업계의 구루들에게 달려들어 조언과 피드백을 구했을 만큼 저돌적이었다. '깡'이라 부를 만한 대담함으로 2007년에 열린 디자인 컨퍼런스에서는 자신들을 '블로거'라고 소개하며 행사장 입구를 통과했고, 자신들의 사업을 불법이라고 규정한 시장에 진입했으며, 잠베르 형제의 합병 요구를 거절함으로써 '위협'이라 여겨지는 거대한 힘에 저항했다. 또 소환장을 발급했던 뉴욕 주의 법무 장관과 맞서기도 했다.

그들은 사업을 확장하는 과정에서 여러 가지 실수도 저질렀다. 그리하여 8년이라는 시간 동안 일생의 모든 교훈을 다 얻었다. 실수가 잦을수록 교훈은 더 큰 법인데, 그들은 아직까지도 각종 실수를 범하고 있다. 그러한 길을 걸었던 선지자가 없기 때문이다. 앞으로는 불미스러운 일이 더 많이 발생할 것이다. 이와 동시에 경쟁은 심화될 것이다. 홈어웨이는 에어비앤비의 핵심 시장으로 손을 뻗고 있고, 여러 신규 기업들이 실험적이고 독창적인 '하이브리드 아이디어'를 갖고 속속 등장하고 있다. 정말로 많은 일이 이 산업 안에서 벌어질 거라 예상된다.

체스키와 게비아, 블레차르지크는 최적의 시기에 시장에 진입하는 엄청난 행운을 잡았다. 즉, 소비자들이 에어비앤비와 같은 특이한 사업 아이디어를 받아들일 준비가 되어 있었던 것이다. 세계적인 경기 불황은 소비자들의 소비 여력을 약화시켰고, 도시는 점점 거주하기에 비싼 곳이 됐다. 밀레니얼 세대의 등장과 새로운 체험에 대한 선호, 반기업적이고 반체제적인 성향, 목적이나 미션을 외치는 존재에 대한 갈구, 그리고 어느 곳에서든 커뮤니티를 찾으려는 욕구 등 그들이 중요시하는 가치로 인해 에어비앤비의 소비자 기반은 탄탄해졌다. 에어비앤비가 제공하는 연결의 기회, 모험 정신, 기발한 제품, 저렴한 가격은 아무나 줄 수 있는 쉬운 것들이 아니었다. 누구나 바로 친구가 될 수 있다는 믿음 속에서 성장한 밀레니얼 세대와 그들 사이에서 확산된 소셜 미디어 덕분에 에어비앤비는 빠른 시간 안에 소비자들과 친밀감을 형성했다. 밀레니얼 세대에게 있어 누군가의 방을 예약하기 위해 온라인 플랫폼을 사용하는 일은 미션이 아닌 '일상' 그 자체다.

밀레니얼 세대가 아닌 다른 사람들에게도 에어비앤비가 인기를 끈 특별한 이유가 하나 있다. 그것은 바로 오늘날의 복잡한 세상에서 인간관계가 점점 쇠퇴하고 있다는 점이다. 우리 사회에서 점점 커지고 있는 소외현상은 사람들을 고립적인 '상자' 속으로 밀어 넣었고, 점점 더 스마트폰 속으로 가라앉게 만들었다. 세바스찬 융거 Sebastian Junger가 자신의 책 『종족(원제: Tribe)』에서 지적했듯이, 우리는 지금 사람들이 아파트에 홀로 살고 아이들은 각자의 침실을 가지고 있는, 인류 역사상 첫 번째 현대사회를 살아가고 있다. 기업체부터 정부 기관에 이르기까지 지난 몇 년 동안 사회 기관들에 대한 신뢰의 붕괴는 경기 불황 이후 더욱 가속화됐고, 사람들은 예전보다 '비주류적인 아이디어'를 선뜻 받아들이게 됐다. 게다가 지정학적 리스크에 대한 불안 심리와 끔찍하고 예상치 못한 일들이 벌어질 거라는 우려가 점점 커지고 있는데도 타인과 연결되고 싶다는 욕구는 점점 더 강해졌다. '어디에서나 우리 집처럼'이라는 미션에 대해 어떻게 생각하든, 이러한 힘들은 사람들이 새롭고 기발하며 가격도 적절한 에어비앤비의 여행 경험에 마음을 열도록 만들었다. 에어비앤비는 한 번에 많은 것들을 움직일 수 있었다. 아마 다른 시기에 똑같은 방식을 시도했다면, 이만큼의 인기를 기대하기는 어려웠을 것이다.

현재 그들 앞에는 굉장히 바쁜 일들이 산적해 있다. 세 창업자들은 새로이 자신들에게 주어진 역할에 적응해가는 중이고, 단순한 숙소 대여 서비스에서 체험 제공으로 비즈니스가 전환되면서 그들이 올라탄 걷잡을 수 없는 유명세의 다음 단계를 준비 중이다. 그들은 자신들이 축적한 부와 함께 뒤따라오는 책임을 받아들이려고 노력하기 시작했다(셋은 각각 33억 달러 상당의 부를 축적했다고 알려져 있다). 더불어 세 사람은 재산의 대부분을 사회에 환원할 것을 독려하는 캠페인인 '기빙 프레지Giving Pledge'에 서명하기도 했다. 블레차르지크는 회사에서 맡은 새로운 역할 외에 아버지로서 새로운 책임을 갖게 됐다. 게비아 역시 전 세계적인 난민 사태에 대한 회사 차원의 해결책 마련에 많은 시간을 쏟고 있다. 게비아의 지휘 아래 그리스와 세르비아에서 활동하는 구조대원들에게 숙소를 제공하는 프로그램과, 요르단의 난민들이 수용소에서 지내는 동안 요르단을 방문하는 여행객들에게 관광지를 안내하고 '지역적인 경험'을 제공함으로써 돈을 벌게 돕는 '생계 유지 프로그램'이 진행 중이다. 2016년 가을에 게비아는 조지 클루니George Clooney와 아말 클루니Amal Clooney가 멤버로 있는, 민간 부문 리더들의 모임에 참여하여 오바마와 함께 난민 사태의 해결책을 토론하기도 했다(게비아는 아직도 이따금씩 크릿번스 쿠션을 주문받고 있는데, 그때마다 혼자 차고에 가서 포장테이프로 조심스럽게 박스를 포장한 다음 배송하곤 한다). 최근 몇 년 동안 체스키는 한 걸음 물러나 생각하고, 삶의 균형을 잡는 법에 대해 배웠다고 말했다. 4년간 사귀어온 여자친구 엘리사 파텔Elissa Patel과의 관계 덕분이다. 둘은 2013년에 '틴더Tinder(마음에 드는 상대를 선택해 만날 수 있도록 주선하는 데이트 애플리케이션)'에서 만났다.

"우리는 선지자가 아닙니다. 평범한 놈들이죠."

인터뷰를 하는 내내 체스키는 자신들을 향해 이런 식으로 말하곤 했다. 그러나 세 명의 보통 젊은이들이 모인다고 하여 그들이 성취한 것을 똑같이 이루어낼 수는 없을 것이다. 나는 집요하게 그들의 성공 비결을 물었고, 잠시 생각에 잠겼던 체스키는 무언가 떠오른 듯 고개를 들어 이렇게 말했다.

"정말 평범하고 가난한 세 명의 학생들이었습니다. 다만 우리에게는 미래를 내다볼 줄 아는 직감과 그것을 만들어낼 만한 무모한 용기가 있었습니다."

에어비앤비가 꿈꾸는 미래

우리 눈에 보이는 '에어비앤비'는
이제 막 시작에 불과하다

로스앤젤레스 다운타운에 있는 오르페움 극장은 체스키를 기다리는 2000여 명의 사람들로 인산인해를 이뤘다. 그는 무대 위로 올라와 수많은 호스트와 게스트, 기자와 직원들 앞에 섰다. 기조연설을 하던 그는 갑자기 청중들을 향해 회사의 엄청난 비밀을 털어놓았다. 익살스러운 춤부터 천체 사진 촬영, 한국의 자수 클래스까지 500개의 새로운 체험들로 구성된 에어비앤비의 새로운 프로젝트였다. 게다가 이는 모두 현지인들에 의해 진행됐다. 뒤이어 레스토랑 예약, 걸으면서 들을 수 있는 오디오북, 자동차 렌탈 및 항공 서비스 등 프로젝트에 딸린 부가기능 일체를 공개했다. 이 모든 것들의 이름을 '트립스'라고 소개한 그는 앞으로 에어비앤비 사이트 안에서 새로운 플랫폼이 구현될 것이고, 기존의 홈셰어링은 에어비앤비의 일부가 될 것이라고 말했다.

"우리가 하고 있는 모든 것, 우리가 앞으로 하게 될 모든 것은 여러분에 의해 움직일 것입니다."

청중들은 환호하며 기립 박수를 보냈다. 그들은 에어비앤비 커뮤니티에서 가장 열성적인 핵심 멤버들이었다. 로스앤젤레스에 '성지 참배'를 온 호스트들은 74만 5000여 명의 게스트에게 잠잘 공간을 제공했다. 행사 기간 동안 그들은 에어비앤비에 관한 모든 것에 흠뻑 빠져들었고, 공익을 위해 회사가 어떤 노력을 하는지 알게 됐으며, 인테리어와 디자인 팁에 관한 강연을 듣기도 했다. 그날 밤, 가수 레이디 가가의 깜짝 공연도 열렸다.

그러나 이렇게 떠들썩한 축제 분위기 속에서도 여전히 회사를 위협하는 심각한 문제들이 언급됐다. 여러 명의 호스트가 마이크 앞에 서서 회사의 급박한 문제에 대해 질문을 던졌다.

"왜 뉴욕은 그토록 가혹한 법을 도입한 건가요?"

"회사가 그 법을 바로잡을 수는 있나요?"

"그 법이 개정되도록 회사는 어떤 노력을 하고 있나요?"

"규제 기관들의 가장 큰 제재 대상이 파티하우스인데, 어떻게 해야 이웃들에게 피해가 가지 않을 수 있을까요?"

행사 마지막 날에는 유나이트 히어 호텔Unite Here hotel의 노조원들이 행사장 밖에 모여 시위를 벌였다. 그들은 피켓을 흔들며 북과 경적을 마구 울려댔다. 잠시 후 체스키와 애쉬튼 커쳐가 대담을 하던 중 시위자 한 명이 무대로 올라와 웨스트뱅크의 이스라엘인 정착지에서 에어비앤비 숙소를 몰아내라고 소리쳤다. 커쳐는 벌떡 일어나

261

따뜻한 인사말을 건네며 그녀를 진정시켰다. 그런 다음 진심을 담아 에어비앤비를 대변했다.

"우리가 우리의 집을 공유한다면, 우리는 서로를 잘 알게 되고 경계선 없는 평화로운 곳에서 연대할 수 있습니다."

청중이 환호하며 기립 박수를 보내자 그는 이렇게 외쳤다.

"이 회사는 사람들을 연대시키고 서로를 사랑하게 해줍니다."

물론 대부분의 참석자들은 이러한 소동이 벌어졌음에도 아무런 영향을 받지 않았다.

마지막 날에 열린 최종 행사는 에어비앤비의 세 창업자들과 질의응답을 나누는 시간이었다. 새로운 플랫폼을 론칭하느라 지쳤던 그들은 마침내 편히 쉴 수 있었고, 회사의 초창기 시절을 조금이나마 회상해볼 여유를 갖게 됐다. 그러면서 체스키와 게비아가 너무 거창한 꿈을 이야기하면 블레차르지크가 현실 감각을 가지라며 논쟁을 벌였던 에피소드를 들려주었다.

그저 웃음거리 농담처럼 이야기했지만, 사실 이러한 과거는 지금의 에어비앤비를 있게 한 가장 큰 원동력이자 회사가 성장하고 난 후에도 계속 이어지고 있는 그들만의 '문화'다. '낯선 사람을 낯선 사람의 집에서 재운다'는 이상하고도 기이한 아이디어 정신은 여전히 회사의 DNA를 통해 이어지고 있다. 게비아는 청중들을 향해 이렇게 말했다.

"얼리어답터가 되려면 용기가 필요합니다. '기괴하다'고 평가받아도 흔들리지 말고 계속 밀고 나가야 합니다."

그는 자동차가 처음 발명됐을 때 규제 기관들이 속도를 시속 6.4킬로미터로 제한했고, 사람들도 '악마의 기계'라고 불렀다면서, 새로운 것에는 언제나 저항과 반대가 뒤따른다는 점을 이야기했다.

에어비앤비는 '산업의 파괴자'로써 대단히 흥미로운 연구 주제다. 방세를 낼 돈도 없었던 가난한 청년들이 세상에서 가장 큰 기술 기업을 만들어내 거대 기업들을 물리쳤으며, 이제는 다시 새로운 사업으로 발걸음을 내딛고 있기 때문이다. 대담한 아이디어와 거대한 기회에는 항상 도전이 수반되기 마련이며, 그들의 도전이 커질수록 에어비앤비라는 산업의 파괴자가 얻는 이익도 더 커질 것이다.

앞으로의 미래에 대해 그들은 아직까지 뚜렷한 청사진이 없다고 말한다. 그저 전 세계적인 호스팅을 위해 새로이 영토를 넓히고 있다고 말할 뿐이다. 9년 내내 에어비앤비는 이 일에만 몰두 중이고, 그로 인해 여러 가지 성과와 기회를 붙잡았다. 그리고 그러한 까닭에 지금까지의 에어비앤비는 화려한 역사를 써내려갔지만 다소 문제가 많았고, 성공적이었지만 우려스럽기도 했다.

진정한 에어비앤비 스토리는 이제부터가 시작이다.

우리 눈에 보이는 '에어비앤비'는 이제 막 시작에 불과하다 에어비앤비에 관한 이야기를 번역해보면 어떻겠냐는 편집자의 전화를 받았을 때, 마침 나는 안동의 하회마을을 막 들어서던 참이었다. 함께 여행하던 일행에게 번역을 제안받았다는 이야기를 전하니 모두 놀란 눈을 하며 당장 수락하라고 야단이었다. 다들 한 번 이상 에어비앤비를 이용해봤기 때문이었을까? 그들은 앞으로의 여행에 있어서도 에어비앤비를 1순위로 삼겠다고 입을 모으며, 에어비앤비의 장점을 줄줄이 쏟아냈다. 호텔보다 저렴한 숙박료로 여러 사람이 넓은 공간을 이용할 수 있다는 직접적인 장점뿐만 아니라, 호스트가 게스트를 위해 마련한 독특한 분위기를 만끽할 수 있고, 무엇보다도 낯선 장소에서 '현지인'처럼 살아보는 즐거움이 매력적이라고 말하면서 서로서로 어디에서 묵어봤냐며 한참 동안이나 수다를 떨었다. 나는 에어비앤비의 장점 자체보다도 그렇게 재미나게 에어비앤비를 이야기하는 그들의 모습이 더 놀라웠다. '에어비앤비 마니아'들이 이렇게 가까이에 있었을 줄이야!

몇몇 사람들은 해당 지역의 삶과 문화를 경험해보라는 에어비앤비의 권유가 마치 듣기 좋은 선전 문구에 불과하다고 여긴다. 에어비앤비의 숙소에서 호스트의 얼굴을 마주하거나, 호스트와 같은 공간에서 머무는 경우가 드물다는 이유에서다. 나 역시 지금껏 수차례 에어비앤비를 이용하는 동안 호스트의 얼굴을 한 번도 본 적이 없고, 사이트에 나온 사진을 보며 문자 메시지를 통해 이야기를 나눈 것이 전부다. 하지만 에어비앤비의 숙소가 위치한 지역으로 시각을 넓혀보면 생각이 크게 달라질 것이라고 확신한다. 에어비앤비의 매력은 바로 '동네'에 있기 때문이다.

이 책의 번역을 얼추 마무리 지었을 무렵, 나는 지인들과 함께 일본 교토로 여행을 떠났다. 에어비앤비에 관한 이야기를 번역한 사람으로서 당연히 숙소는 에어비앤비를 이용해 예약했다. 유명 관광지여서 도심의 호텔이 지나치게 비쌌다는 이유도 있었지만, 교토의 뒷골목을 경험하고 싶은 마음이 컸기에 상대적으로 여행객이 잘 찾지 않는 변두리 지역으로 숙소를 잡았다. 호스트가 이메일로 알려준 비밀번호를 누르고 문을 열어 보니, 작은 공간에 집기들이 오밀조밀하게 들어차 있었고, 다다미 냄새가 풍기는 것이 보통의 일본 가정집과 다를 바가 없었다.

다음 날 아침, 시내로 들어가기 위해 골목을 나서던 우리는 간판도 없는 작은 중고 LP 가게를 우연히 발견했다. 모두가 LP 애호가였

던지라 소리 내어 "만세"를 부를 뻔했다. 교토의 변두리에서 한국보다 훨씬 더 저렴한 가격(500~1000엔)으로 오래된 LP를 판매하는 곳을 만나게 되리라 아무도 예상하지 못했으니 말이다. 그렇게 신나게 LP를 고르고 주인장과 이런저런 이야기를 나누느라 교토 시내 구경은 어느새 뒷전으로 물러나버렸다. 시내에 있는 호텔에 묵었더라면 이런 즐거움은 절대로 경험하지 못했을 것이다.

　이런 극적인 발견은 그날 저녁에도 이어졌다. 한창 놀다가 허기가 진 우리는 서점 점원에게 동네 맛집을 추천해달라고 부탁했다. 빗속을 걸어 점원이 지도에 그려준 가게를 어렵게 찾아갔는데, 우리는 'Closed'라는 팻말을 보고 망연자실했다. 그래서 아무 식당이나 가자며 들어간 곳이 '카라반'이라는 이름의 동네 식당이었다. 허름한 분위기와는 어울리지 않는 이름인 데다가 동네 아저씨들이 가게 한 켠에서 담배를 피우며 술잔을 기울이는 모습을 보고 '지금이라도 나갈까?' 하고 고민하던 우리는 때마침 나온 치킨 가라아게와 카레라이스를 한입 먹어보고는 "유레카!"를 외치지 않을 수 없었다. 모든 음식이 그렇게 맛있을 수 없었다. 나중에 알고 보니 그 집은 관광 안내 책자 어디에도 나오지 않은, 교토 대학생들에게 맛집으로 소문난 식당이었다. 우리는 다음 날 저녁에도 그곳에서 배불리 식사를 했고, 나는 다시 올 것을 다짐하며 구글맵에 위치를 기록해두었다. 이 책의 역자로서 후기에 쓰기에 이토록 좋은 소재가 또 있을까? 유명 관광지가 돼버린 안동 하회마을 같은 곳이라면 절대로 만나지 못했을 행운이었다.

책에도 소개됐듯이 에어비앤비는 이제 단순한 숙박 서비스에서 벗어나 호스트를 중심으로 한 '체험 서비스'로 무게 중심을 점점 옮겨가고 있다. 교토 여행을 함께했던 사람들과 홍대 부근에서 브런치를 먹으며 '경험'과 '체험'의 차이가 무엇인지 잠시 토론을 한 적이 있었다. 영어로는 두 단어 모두 'Experience'라서 견해에 따라 정의가 다르겠지만, 우리는 나름 열띤 토론을 했다. 이를 통해 '제3자적이고 안전한 입장에 머무는 것'이 경험인 반면, '상황에 뛰어들어 몸소 체득하고 느끼는 것'이 체험이라는 결론에 도달했다. 이러한 이유로 나는 이 책에서 '경험'과 '체험'이라는 말을 구분하여 사용했고, 에어비앤비가 새로이 추구하는 전략의 방향을 '체험'이라고 번역했다.

'체험'이야말로 에어비앤비가 우리에게 선사하는 가장 독특한 가치다. 에어비앤비의 숙소에서 현지인처럼 머물다가 골목 구석에 위치한 중고 LP 가게와 '카라반' 식당 같은 곳을 발견한 사람이라면, 이 말이 무슨 뜻인지를 금세 이해할 수 있을 것이다.

이 책으로 독자들은 에어비앤비 스토리를 충분히 '경험'할 수 있을 것이다. 경험이 끝났으면 이제 '체험'할 차례가 아닐까? 에어비앤비를 통해 나처럼 모두가 각자의 보물장소를 발견하기를 기원해 본다.

옮긴이의 글

에어비앤비 스토리

초판 1쇄 발행 2017년 6월 12일
초판 9쇄 발행 2024년 9월 23일

지은이 레이 갤러거
옮긴이 유정식
펴낸이 김선식

부사장 김은영
콘텐츠사업본부장 임보윤
책임편집 임보윤
콘텐츠사업1팀장 성기병 **콘텐츠사업1팀** 윤유정, 정서린, 문주연, 조은서
마케팅본부장 권장규 **마케팅2팀** 이고은, 배한진, 양지환 **채널2팀** 권오권
미디어홍보본부장 정명찬 **브랜드관리팀** 오수미, 김은지, 이소영, 서가을
뉴미디어팀 김민정, 이지은, 홍수경, 변승주
지식교양팀 이수인, 염아라, 석찬미, 김혜원, 박장미, 박주현
편집관리팀 조세현, 김호주, 백설희 **저작권팀** 이슬, 윤제희
재무관리팀 하미선, 윤이경, 김재경, 이보람, 임혜정, 이슬기, 김주영, 오지수
인사총무팀 강미숙, 지석배, 김혜진, 황종원
제작관리팀 이소현, 김소영, 김진경, 최완규, 이지우, 박예찬
물류관리팀 김형기, 김선민, 주정훈, 김선진, 한유현, 전태연, 양문현, 이민운
외부스태프 조판디자인 김연정

펴낸곳 다산북스 **출판등록** 2005년 12월 23일 제313-2005-00277호
주소 경기도 파주시 회동길 490
전화 02-704-1724 **팩스** 02-703-2219 **이메일** dasanbooks@dasanbooks.com
홈페이지 www.dasan.group **블로그** blog.naver.com/dasan_books
종이 한솔PNS **출력** 한영문화사 **후가공** 평창피엔지 **제본** 한영문화사

ISBN 979-11-306-1290-4 (03320)

다산북스(DASANBOOKS)는 독자 여러분의 책에 관한 아이디어와 원고 투고를 기쁜 마음으로 기다리고 있습니다.
책 출간을 원하는 아이디어가 있으신 분은 다산북스 홈페이지 '투고원고'란으로 간단한 개요와 취지, 연락처 등을 보내주세요.
머뭇거리지 말고 문을 두드리세요.